CAHIER DU JOUR
CAHIER DU SOIR

Allemand
6e

Christine Mulliez-Hoppenot

Professeur d'Allemand

MAGNARD

Remerciements de l'auteur pour la lecture des manuscrits à Ulrike Tewes et à Eva Schwalb.

Illustrations (couverture et intérieur) : Laurent Audouin

Couverture : Cécile Gallou
Réalisation : Laser Graphie
Édition : Anne-Sophie Pawlas
© **Éditions Magnard, 2004, Paris.**
www.magnard.fr

Aux termes du Code de la propriété intellectuelle, toute reproduction ou représentation intégrale ou partielle de la présente publication, faite par quelque procédé que ce soit (reprographie, microfilmage, scannérisation, numérisation...) sans le consentement de l'auteur ou de ses ayants droit ou ayants cause est illicite et constitue une contrefaçon sanctionnée par les articles L. 335-2 et suivants du Code de la propriété intellectuelle.
L'autorisation d'effectuer des reproductions par reprographie doit être obtenue auprès du Centre Français d'exploitation du droit de la Copie (CFC) 20, rue des Grands-Augustins – 75006 PARIS – Tél. : 01 44 07 47 70 – Fax : 01 46 34 67 19

Achevé d'imprimer en avril 2004 par Pozzo Gros Monti - Turin (Italie)
Dépôt légal: avril 2004 - N° editeur: 2004/148

SOMMAIRE

Les corrigés détachables se trouvent au centre de l'ouvrage.

J'observe et je retiens

Hallo! Ich heiße ... Ich bin ...

> Ich bin 11. Vroni ist 13. Ich und Vroni, wir sind **Geschwister.** Wir wohnen in Berlin.

Andreas
ein Junge

Vroni
ein Mädchen

> Und du? Wie heißt du? Wie alt bist du? Hast du Geschwister? Wo wohnst du?

> Meine **Frau** heißt Eva. Sie ist Friseuse.

> Mein **Mann** heißt Robert. Er ist Deutsch- und Sportlehrer.

ein Mann   eine Frau

Meine Familie!

Ralph
mein Großvater

die Großeltern

Gudrun
meine Großmutter

die Eltern

die Kinder

Karl
mein Onkel

Beate
meine Tante

Eva
meine Mutter

Robert
mein Vater

ICH
ANDREAS

Vroni
meine Schwester

Michael
mein Cousin

Susi
meine Cousine

■ **Ich beschreibe meine Familie/meine Verwandten. → Je décris ma famille.**

der Großvater → le grand-père	*die Großmutter* → la grand-mère	*die Großeltern* → les grands-parents
der Vater → le père	*die Mutter* → la mère	*die Eltern* → les parents
der Sohn → le fils	*die Tochter* → la fille	*das Kind (die Kinder)* → l'enfant (les enfants)
der Bruder → le frère	*die Schwester* → la sœur	*die Geschwister* → les frères et sœurs
der Onkel → l'oncle	*die Tante* → la tante	*der Cousin/die Cousine* → le cousin/la cousine

■ *Wie heißt du?* → Comment t'appelles-tu ?
Wie alt bist du? → Quel âge as-tu ?
Wo wohnst du? → Où habites-tu ?
Was macht dein Vater? → Que fait ton père ?
Was macht deine Mutter? → Que fait ta mère ?

Ich heiße ... → Je m'appelle ...
Ich bin ... (nombre) → J'ai ... (âge) ans.
Ich wohne in ... → J'habite à ...
Er ist ... (métier) + nominatif → Il est ...
Sie ist Hausfrau. → Elle est mère au foyer.

J'applique

1 **Tu joues au jeu des sept familles. Tu as déjà la famille « Boulanger ». Indique au bas de chaque carte la personne représentée.**

der Vater   die Schwester (die Tochter)   der Großvater   die Mutter   der Sohn   die Großmutter

2 **Observe l'arbre généalogique de la famille de Tobias. Aide-toi des prénoms pour compléter le texte à trous par les liens de parenté.**

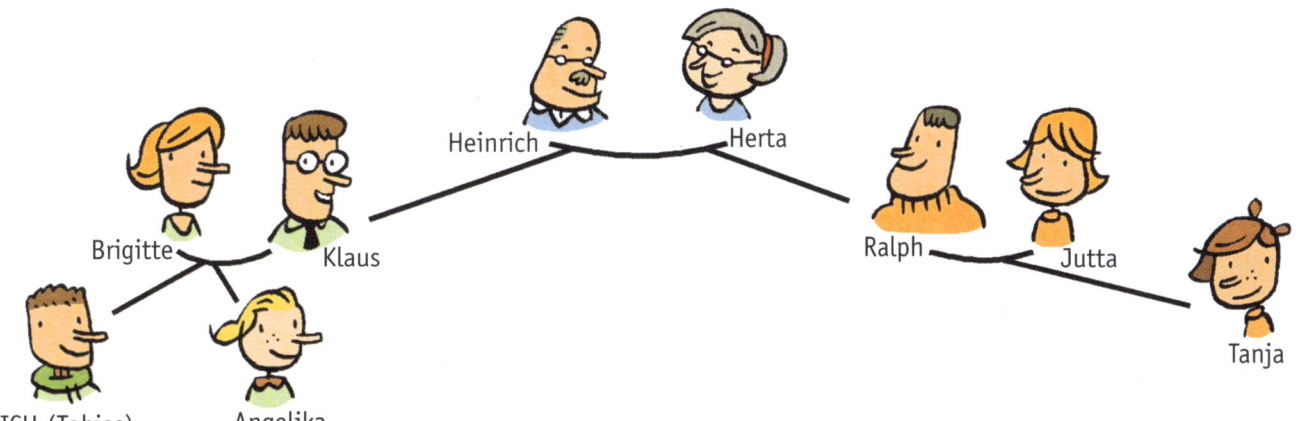

Heinrich — Herta

Brigitte — Klaus   Ralph — Jutta

ICH (Tobias)   Angelika   Tanja

Meine _Großeltern_ heißen Heinrich und Herta. Sie haben zwei Kinder: einen _Sohn_ (er heißt Ralph) und eine _Tochter_ (sie heißt Birgitte). Brigittes _Mann_ heißt Klaus. Jutta ist Ralphs _Frau_. Tanja ist meine _Cousine_. Meine _Schwester_ Angelika ist 10; ich aber bin 12.

Je m'entraîne

3 **Mets-toi à la place d'Anja et présente-toi sous forme de phrase. La fiche te donne des informations sur elle et sa famille.**

Anja Hirt
12
Heidelberg
Eltern:
– Thomas: Schuldirektor
– Karin: Hausfrau
Geschwister:
– Lisa (16)
– Klaus (5)

Indique ton nom : Hallo! Ich _heiße Anja Hirt_
Indique ton âge : Ich _bin zwölf Jahre alt._
Indique où tu habites : Ich _wohne in Heidelberg_
Indique le nom de ton papa : Mein _Vater heißt Thomas_
Indique le métier de ton papa : Er _ist Schuldirektor_
Indique le nom de ta maman : Meine _mutter heißt Karin_
Indique le nom de ton frère : Mein _Bruder heißt Klaus_
Indique l'âge de ton frère : Er _ist fünf Jahre alt_
Indique le nom de ta sœur : Meine _schwester ist heißt Lisa_
Indique l'âge de ta sœur : Sie _ist sechzehn Jahre alt_

J'observe et je retiens

■ der Monat (-e)/das Jahr (-e) = 12 Monate

Januar	Februar	März	April	Mai	Juni
1. Neujahr **22.** Elysee Vertrag	Skiurlaub	Karneval (Fasching)	Ostern	Angelas Party	Abschlußfeier

Juli	August	September	Oktober	November	Dezember
Sommerferien	Evas Hochzeit	**28.** Oktoberfest in München	**3.** National- feiertag	**11.** Martinstag	**6.** Nikolaus **24.** Heiligabend Weihnachten

■ **der Geburtstag/das Geburtstagsfest/meine Geburtstagsparty**

1 **das Geschenk/das Geburtstagsgeschenk**
2 **die Kerze**
3 **singen**
4 **die Party**
5 **tanzen**
6 **die Torte/die Geburtstagstorte**

Wann hast du Geburtstag?
Im April habe ich Geburtstag.

Was möchtest du zum Geburtstag?
Ich möchte eine CD, ein Handy, ein Buch, Taschengeld, Parfüm, Schmuck, Kleider.

■ **Weihnachten/das Weihnachtsfest**

1 **der Stern**
2 **der Weihnachtsbaum**
3 **den Weihnachtsbaum schmücken**
4 **Weihnachtslieder singen**
5 **der Adventskalender**
6 **der Adventskranz**
7 **die Weihnachtsgeschenke**
8 **die Krippe**

Was bekommst du zu Weihnachten? → Qu'est-ce que tu vas recevoir à Noël ?

■ **Wir schreiben eine Karte.**

Herzlichen Glückwunsch zum Geburtstag!

Alles Gute zum Geburtstag.

Fröhliche Weihnachten und ein gutes neues Jahr.

Ich wünsche dir ein frohes Weihnachtsfest.

Einen guten Rutsch ins Neujahr.

Frohe Ostern.

J'applique

1 À quel mois correspond chaque date de naissance ?

Er hat ...

1. Philipp: 28-9-1972
im _September_ ..

2. Mark: 17-11-1995
im _November_ ..

3. Lukas: 7-06-2001
im _Juni_ ..

4. Oliver: 14-2- 1984
im _Februar_ ..

5. Fabian: 21-8-1992
im _August_ ..

6. Patrick: 1-12-2003
im _Dezember_ ..

... Geburstag.

2 Remets les fêtes dans l'ordre chronologique en les numérotant de 1 à 7.

Ostern _____3_____

Neujahr _____1_____

Weihnachten _____7_____

Oktoberfest _____4_____

Karneval _____2_____

Martinstag _____6_____

Deutscher Nationalfeiertag _____5_____

3 C'est Noël. Peux-tu deviner ce que chacun va recevoir en organisant les lettres contenues dans les cadeaux ?

Papa bekommt ein
HANDY .

Mama bekommt
PARFÜM .

Ich bekomme
Schmuck .

Mein Bruder bekommt
TASCHENGELD .

Je m'entraîne

4 Tu téléphones à Oliver en Allemagne : que dis-tu pour ...

1. le remercier du cadeau qu'il t'a envoyé ?
Danke für das Geschenk

2. lui demander ce qu'il va avoir à Noël ?
_____

3. lui demander quand est son anniversaire ?
Wann hast du Geburtstag

4. lui souhaiter un joyeux Noël ?
Frohliche Weihnachten

5. lui souhaiter une bonne année ?
Gutes Neujahr, Ein gutes neues Jahr

L'habitation
WOHNEN

J'observe et je retiens

■ **Wo wohnst du? in einem Haus? auf dem Land? in einem Dorf?**

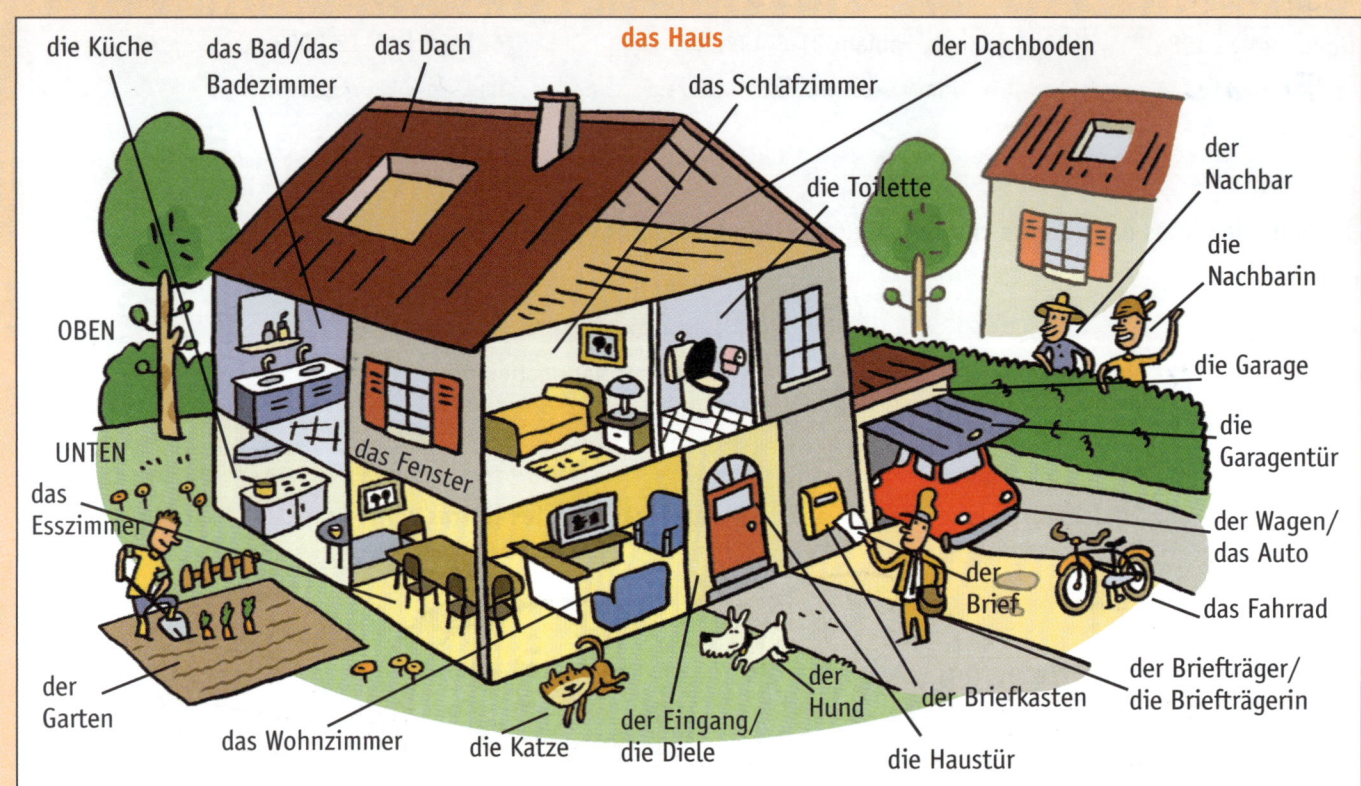

die Küche · das Bad/das Badezimmer · das Dach · **das Haus** · das Schlafzimmer · der Dachboden · die Toilette · der Nachbar · die Nachbarin · die Garage · die Garagentür · OBEN · das Fenster · UNTEN · das Esszimmer · der Wagen/das Auto · das Fahrrad · der Brief · der Garten · der Briefträger/die Briefträgerin · das Wohnzimmer · die Katze · der Eingang/die Diele · der Hund · der Briefkasten · die Haustür

■ **Oder in einer Wohnung? In der Stadt?**

Ich wohne im dritten Stock.

Ich wohne im zweiten Stock.

Ich wohne im ersten Stock.

Ich wohne im Erdgeschoß.

die Wohnung

das Wohnhaus
der Wohnblock

■ **Mein Schlafzimmer**

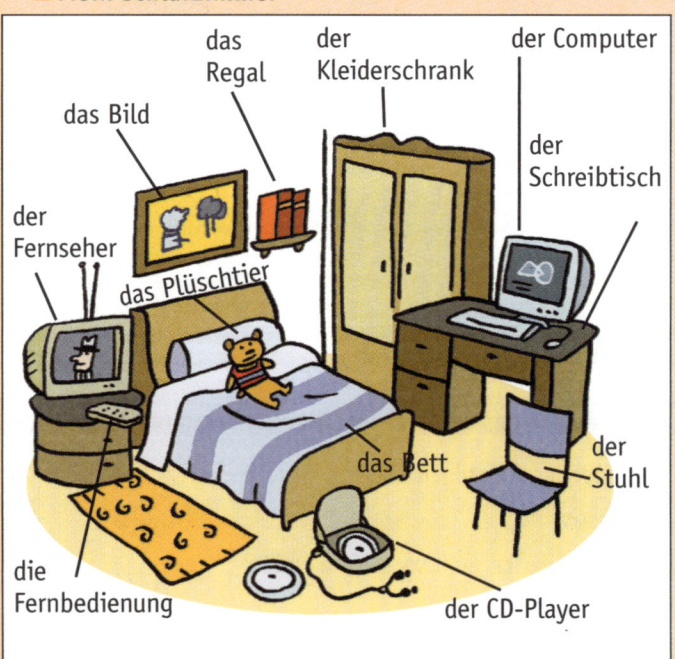

das Regal · der Kleiderschrank · der Computer · das Bild · der Schreibtisch · der Fernseher · das Plüschtier · das Bett · der Stuhl · die Fernbedienung · der CD-Player

Attention ▶ Fais la différence entre **le locatif et le directif !**

Le **locatif** : *Ich wohne in der Stadt* (j'habite en ville), *ich wohne auf dem Land* (j'habite à la campagne), *ich wohne in einem Haus* (j'habite dans une maison), *ich wohne in einer Wohnung* (j'habite en appartement), *ich bin zu Hause* (je suis à la maison), *ich bin bei Oma* (je suis chez Mamie).

Le **directif** : *Ich gehe nach Hause* (je rentre à la maison), *ich gehe zu meinen Großeltern* (je vais chez mes grands-parents).

J'applique

1 Forme quatre mots composés avec *Zimmer*.

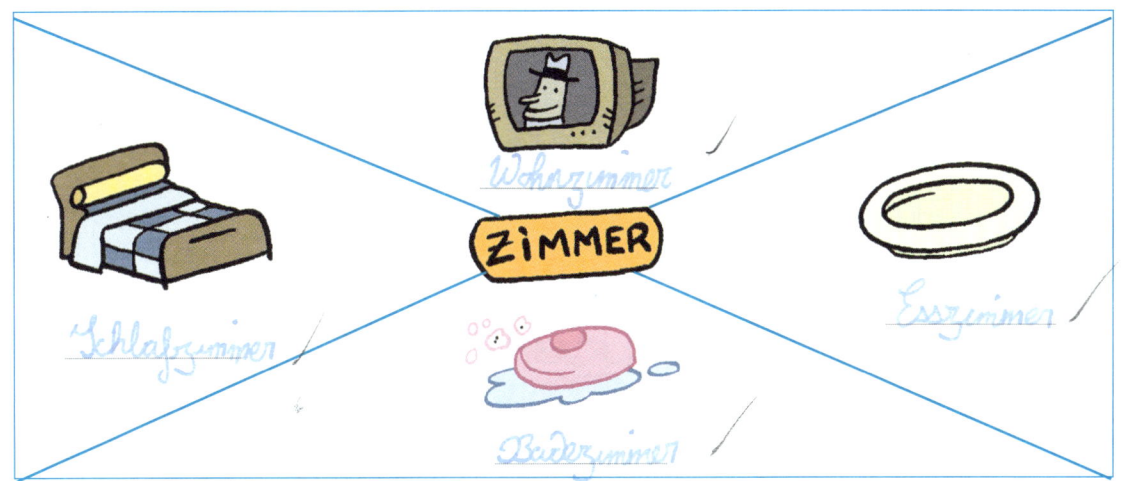

Wohnzimmer

ZIMMER

Esszimmer

Schlafzimmer

Badezimmer

2 Où est caché chaque objet ? Ajoute les voyelles à chaque mot et tu auras la solution.

1. Wo ist mein Kugelschreiber? Schau mal in den B r *i* e f k *a* s t *e* n!

2. Wo ist mein Handy? Ach! Es ist ja auf dem D *a* c h b *o* d *e* n.

3. Wo ist mein Portemonnaie? Vielleicht im K *e* l l *e* r?

4. Wo ist meine Fernbedienung? Ach ja! Sie ist in der K *ü* c h *e*.

5. Wo ist meine Brille? Oh je! Sie ist bei den N *a* c h b *a* r n.

6. Wo sind denn meine Schlüssel? Ach! Sie sind ja im G *a* r t *e* n.

7. Wo ist mein Plüschtier? Guck mal unter deinen K l *e* i d *e* r s c h r *a* n k.

3 Complète les phrases à l'aide de l'un des mots proposés : *Küche – Hund – Katze – Stock – Garage – Garten – Dorf – Stadt.*

1. Papa, wo bist du? In der _Garage_ oder draußen im _Garten_ ?

2. Karin! Komm schnell in die _Küche_ . Wir essen gleich.

3. Ich wohne im zweiten _Stock_ , und du?

4. Wo lebst du? In einem _Haus_ auf dem Land oder in einer _Dorf_ ?

5. Hast du auch Haustiere? Wir haben einen _Hund_ und eine _Katze_ .

Je m'entraîne

4 Où est le portable de Sonja ? Complète la grille. Une seule pièce n'est pas citée. Laquelle ?

Das Handy ist also in der _Küche_ .

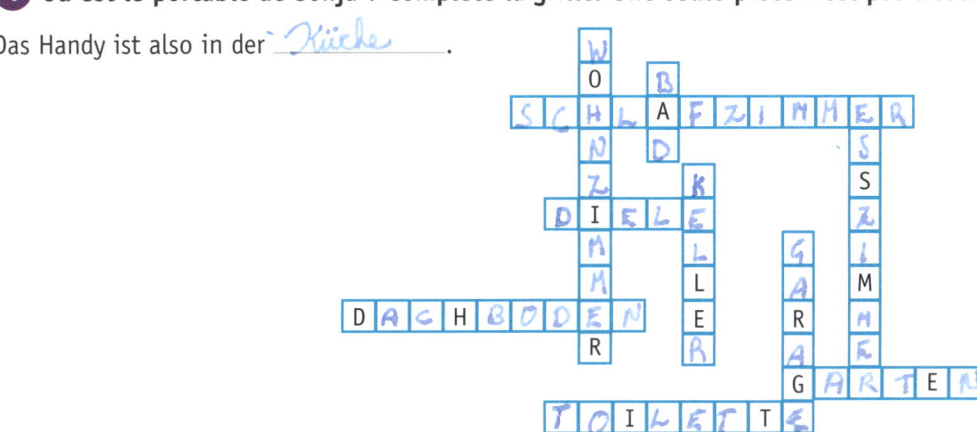

J'observe et je retiens

■ **das Frühstück/frühstücken**

① der Kühlschrank ② der Toaster ③ die Mikrowelle ④ der Herd ⑤ das Spülbecken ⑥ die Tasse ⑦ das Glas ⑧ der Kaffee ⑨ der Schwarztee ⑩ die Flasche Orangensaft ⑪ der Orangensaft ⑫ der Kakao ⑬ die Schachtel/die Milch ⑭ das Brot ⑮ eine Scheibe Brot ⑯ das Brötchen ⑰ die Butter ⑱ die Marmelade ⑲ der Honig ⑳ das Ei ㉑ die Kaffeemaschine

Was trinkst du zum Frühstück? → Que bois-tu au petit déjeuner ? *Ich trinke Tee/Kakao/Milch/Kaffee.*
Was isst du zum Frühstück? → Que manges-tu au petit déjeuner ? *Ich esse Brot.* → Je mange du pain.

■ **das Mittagessen**
Heute empfehlen wir...
Hauptgericht:

Fleisch mit Gemüse

Kartoffelpüree und Wienerwürstchen

Nachspeise:

Fruchttorte

Pudding
Eis

Getränke:

Bier

Mineralwasser

Apfelsaft

■ **das Abendbrot/das Abendessen**

① die Flasche Wein ② das Bier ③ der Krug ④ der Löffel ⑤ die Gabel ⑥ der Teller ⑦ der Suppenteller ⑧ die Suppe ⑨ der Käse ⑩ der Tee ⑪ das Schwarzbrot ⑫ die Wurst/die Salami ⑬ das Obst

■ **Comment s'exprimer à table ?**
Guten Appetit! → Bon appétit !
Hast du Hunger? → As-tu faim ?
Hast du Durst? → As-tu soif ?
Bist du satt? Möchtest du noch etwas? → Tu n'as plus faim ? Désires-tu encore quelque chose ?
Magst du Obst/Gemüse/Milch/Fleisch? → Aimes-tu les fruits/les légumes/le lait/la viande ?
Ich mag Schokolade wahnsinnig gern. → Je raffole du chocolat.
Ich esse sehr gern Pizza/Pommes/Hamburger. → J'aime beaucoup les pizzas/les frites/les hamburgers.
Es schmeckt (sehr) gut. → C'est (très) bon (au goût).
die Vorspeise → l'entrée
die Hauptspeise/das Hauptgericht → le plat principal
die Nachspeise/der Nachtisch → le dessert

J'applique

1 Classe les aliments suivants dans la colonne qui convient : *Apfelsaft – Wein – Fleisch – Käse – Wasser – Gemüse – Eier – Tee.*

Ich trinke gern

Wein
Wasser
Tee
Apfelsaft ✓

Ich esse gern

Fleisch
Käse
Gemüse
Eier ✓

2 Miriam a préparé la table du petit déjeuner. Entoure dans la liste ce qui a été oublié.

das Obst
das Brot
die Gläser
die Teller
der Orangensaft
der Kaffee
die Tassen
die Löffel
der Tee
der Honig
die Butter
die Wurst
die Marmelade

Je m'entraîne

3 Dis ce que chacun aime manger.

Was mögen sie alle?

1. Susi?
Ich mag Eis

2. Julia?
Ich mag Käse

3. Sonja?
Ich mag Wurst

4. Bettina?
Ich mag Brot

5. Wolfgang?
Ich mag Pommes

6. Dajana?
Ich mag Obst

4 Demande à Lukas :

1. s'il a faim.
Lukas, Hast du Hunger?

2. s'il aime les légumes.
Magst du Gemüse ?

3. s'il désire encore une tranche de pain.
Möchtest du noch Brot?

4. s'il désire encore quelque chose/s'il n'a plus faim.
Bist du satt? Möchtest du noch etwas ?

5. de t'apporter une assiette.

J'observe et je retiens

■ das Geschäft/das Modegeschäft

1. der Pulli
2. der Mantel
3. der Rock
4. das Hemd
5. die Jacke
6. das Kleid
7. das T-Shirt
8. der Anzug
9. die Krawatte
10. das Blouson
11. der Schuh (-e)
12. der Stiefel (-)
13. die Socke (-n)
14. die Jeans
15. der Hut
16. die Mütze

■ die Farbe

Kerstins <u>Kleid</u> ist **rot.**
Ihre <u>Schuhe</u> sind **schwarz.**
Sie ist sehr schick!

Victoria hat eine **blaue** <u>Hose</u>
und ein **weißes** <u>T-Shirt</u>.
Sie hat **lila** <u>Socken</u>.

Pauls <u>Anzug</u> ist **grün.**
Sein <u>Hut</u> ist **grau.**
Sein <u>Pulli</u> ist **gelb.**

Remarque ▶ L'adjectif épithète ne reste pas invariable !

Was hast du lieber? → Que préfères-tu ? *Orange oder rosa?* → L'orange ou le rose ?
Was ist deine Lieblingsfarbe? → Quelle est ta couleur préférée ?
Meine Lieblingsfarbe ist ...

■ **Comment s'exprimer à propos des vêtements ?**

Wie findest du meine Jeans? → Comment trouves-tu mon jean ?
Er/sie/es steht dir gut. → Cela te va bien./*Es steht dir gar nicht!* → Cela ne te va pas du tout.
Die Farbe gefällt mir nicht. → La couleur ne me plaît pas.
Er/sie/es gefällt mir/Es gefällt mir nicht. → Cela me plaît/ne me plaît pas.
Magst du das Kleid? → Aimes-tu la robe ?
Was hast du an? → Qu'est ce que tu portes ?
Darf ich es anprobieren? → Puis-je essayer ?/*Ja, probieren Sie es an!* → Oui, essayez !
Was kostet der Mantel? → Combien coûte le manteau ?
Er/sie/es ist billig/Es ist teuer. → C'est bon marché/C'est cher.
Wo ist die Umkleidekabine? → Où est la cabine d'essayage ?
Welche Größe brauchen Sie? → Quelle taille faites-vous ?/*Ich trage 36.* → Je fais du 36.

J'applique

1 Écris le nom de chaque couleur de la palette.

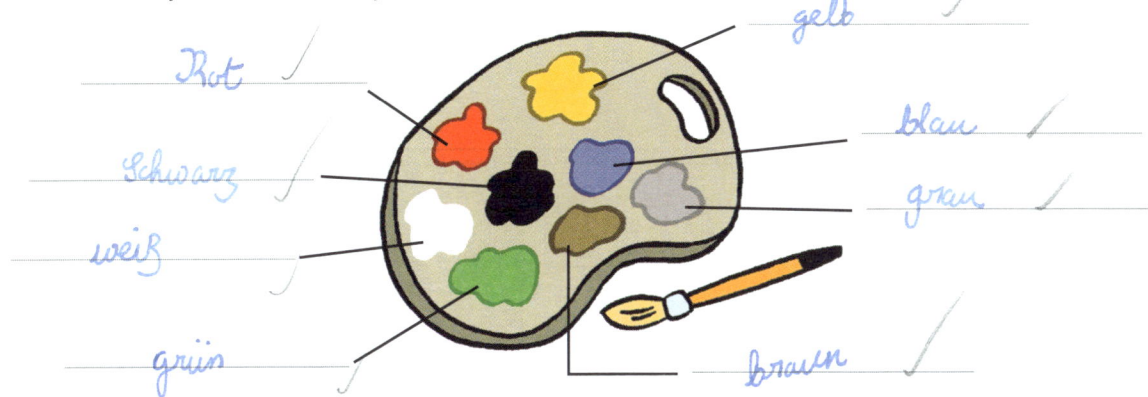

Rot

gelb

Schwarz

blau

grau

weiß

grün

braun

2 Comment sont habillés les cinq jeunes ? Indique le nom des vêtements sous chaque vignette.
Was haben sie an?

eine grüne	ein gelbes	einen schwarzen	einen rosa	einen lila
Jean	Kleid	Mantel	Pulli	Rock
und ein weißes	und schwarze	und braune	und dunkle	und ein weißes
T-shirt	Schuhe	Stiefel	Jeans	Hemd

3 Anja part en vacances et a préparé ses bagages. Regarde le dessin et entoure dans sa liste ce qu'elle a oublié.

Auf der Liste steht:
- ein gelbes T-Shirt
- 3 weiße T-Shirts
- 2 rote T-Shirts
- ein grüner Rock
- ein schwarzer Rock
- ein braunes Blouson
- ein schwarzer Pulli
- schwarze Schuhe
- braune Schuhe
- eine blaue Jacke

Je m'entraîne

4 Remets les phrases dans l'ordre en les numérotant ; tu obtiendras alors un dialogue dans un magasin.

3	**1.** Ich trage 38.
6	**2.** O.K. Ich kaufe ihn. Auf Wiedersehen!
1	**3.** Guten Tag! Ich suche einen schwarzen Pulli.
4	**4.** Was kostet der Pulli?
7	**5.** Bitte sehr! Probieren Sie ihn an! Er steht Ihnen sehr gut!
5	**6.** Gut. Das habe ich natürlich! Welche Größe?
2	**7.** Er ist nicht teuer! 25 Euro!

J'observe et je retiens

■ **Ich gehe einkaufen./Ich gehe in die Stadt.**

In der Stadt

① **die Bäckerei/der Bäcker** ② **die Metzgerei/der Metzger** ③ **der Gemüse- und Obstladen** ④ **das Kaufhaus** ⑤ **der Drogeriemarkt** ⑥ **das Schreibwarengeschäft** ⑦ **der Tabakladen** ⑧ **das Modegeschäft** ⑨ **die Apotheke/der Apotheker** ⑩ **die Post/der Postbeamte** ⑪ **das Schuhgeschäft** ⑫ **die Buchhandlung** ⑬ **die Konditorei** ⑭ **die Bank** ⑮ **der Geldautomat** ⑯ **das Blumengeschäft/der Blumenladen** ⑰ **die Fußgängerzone** ⑱ **das Lebensmittelgeschäft**

In der Apotheke

die Verkäuferin   der Kunde   die Kundin

■ **Ce que tu dis ou entends dans un magasin.**

der Verkäufer → le vendeur	*der Kunde* → le client
die Verkäuferin → la vendeuse	*die Kundin* → la cliente
Kann ich Ihnen helfen? → Puis-je vous aider ?	*Haben Sie ...+ (acc.)* → Avez-vous ...
Wer ist dran? → À qui le tour ?	*Haben Sie noch ...→* Avez-vous encore ...
Was möchten Sie? → Que désirez-vous ?	*Ich bin dran!* → C'est à moi !
Wie viel möchten Sie? → Quelle quantité désirez-vous ?	*Wo ist bitte?/Wo finde ich bitte + (acc.)?* → Où puis-je trouver ... ?
Es kostet 2 Euro! → Cela coûte 2 Euros !	*Ich möchte + (acc.)/Ich suche + (acc.)* → Je désire, je cherche ...
Welche Größe haben Sie? → Quelle taille faites-vous ?	*Was kostet ...?* → Combien coûte ... ?
	Es ist billig/teuer. → C'est bon marché/cher.

J'applique

1 Remets les lettres dans l'ordre pour identifier le nom du magasin.

1. EULBMN ➔ _____

2. EDMO ➔ _____

3. ISHEBCWERANR ➔ _____

4. MTTILESNEBLE ➔ _____

5. CHUSH ➔ _____

GESCHÄFT

2 Gabi a fait ses courses ; regarde ce qu'elle a acheté et reporte dans la grille le nom des magasins où elle est allée.

Je m'entraîne

3 Relie la question à la réponse.

1. Wie viel Äpfel möchten Sie? •

2. Was kostet der Pulli? •

3. Haben Sie noch Schwarzbrot? •

4. Haben Sie Hausschuhe? •

5. Welche Größe haben Sie? •

6. Kann Ich Ihnen helfen? •

• **a.** Nein! Das finden Sie im Kaufhaus.

• **b.** 38-Small.

• **c.** 1 Kilo, bitte!

• **d.** Ja, gern! Ich suche ein deutsches Lexikon.

• **e.** 32 Euro.

• **f.** Nein, nur Weißbrot.

4 Tu es dans un grand magasin. Adresse-toi à la vendeuse pour lui demander :

1. où tu peux trouver des CD. _____

2. où est la caisse. _____

J'observe et je retiens

■ **Was macht Daniel in seiner Freizeit?**

Ich **lese** und **höre** Musik. Ich **faulenze!**

Ich **sehe fern.**

Ich mache ein **Computer-spiel.**

Ich **spiele Fußball.**

Ich **spiele Flöte.**

Ich **spiele Tennis.** Ich kann Tennis spielen.

Ich **laufe.** Ich **jogge.**

Ich **schwimme.**

■ **Was macht Angela in ihrer Freizeit?**

Ich **tanze.** Ich gehe in die Tanzstunde.

Ich **spiele Karten** oder **Schach.**

Ich **gehe** in die **Stadt.** Ich gehe **bummeln.** Ich gehe **einkaufen.**

Ich **treffe** meine **Freunde.** Ich **gehe ins Kino.**

Ich **spiele Klavier.**

Ich **fahre Rad.**

Ich **reite.**

Ich **fahre Inline-Skater.**

■ **Und du? Was machst du in deiner Freizeit? Hast du ein Hobby? Was magst du?**

– Pour parler de mes activités :
das Hobby/der Sport
Ich spiele ... ➜ Je joue à/au ...
Ich spiele gern ... ➜ J'aime jouer à/au ...
Mein Lieblingssport ist Tennis. ➜ Mon sport préféré est le tennis.
Ich kann Tennis spielen. ➜ Je sais jouer au tennis.
Ich spiele jeden Montag Tennis. ➜ Je joue tous les lundi au tennis.

– Pour demander à quelqu'un ce qu'il fait/aime faire :
Was machst du in deiner Freizeit? ➜ Que fais-tu durant tes loisirs ?
Treibst du Sport? ➜ Fais-tu/Pratiques-tu un sport ?
Hast du einen Lieblingssport? ➜ As-tu un sport préféré ?
Möchtest du Karten spielen? ➜ Désires-tu jouer aux cartes ?
Was machst du gern? ➜ Qu'est-ce que tu aimes faire ?
Spielst du gern Fußball? ➜ Aimes-tu le foot ?/*Lieber Volleyball.* ➜ Je préfère le volley.
Wie oft gehst du ins Kino? Gehst du oft ins Kino? ➜ Vas-tu souvent au cinéma ?

J'applique

1 Retrouve le prénom de chaque personne en fonction de son activité et écris-le sous le cadre.

Christina   *Sarah*   *Doris*   *Barbara*

1. Sarah: Ich mache gern Computerspiele.

2. Barbara: Ich kann Klavier spielen.

3. Christina: Ich gehe so gern in die Stadt!

4. Doris: Ich höre oft Musik.

2 Alexander a besoin de faire du sport. Entoure dans la liste ci-dessous les activités qui peuvent lui convenir.

Schach spielen	am Computer sitzen	schwimmen	lesen	Rad fahren	faulenzen
Fußball spielen	Inline-Skater fahren	Musik spielen	bummeln	reiten	joggen fernsehen

3 Que t'évoque chaque illustration ? Complète la grille avec des mots se rapportant aux loisirs.

Grille :

- 1 S C H W I M M E N
- B: B U M M E L N
- D: L E S E N
- C: M I N K
- 2 L A U F E N
- A: K L A V I E R
- 3 T A N Z E N
- E: F E R N S E H E N
- 4 R E I T E N

Je m'entraîne

4 Trouve la réponse à chaque question. Écris la lettre dans le tableau.

1. Hast du einen Lieblingssport?

2. Was machst du in deiner Freizeit?

3. Gehst du oft ins Kino?

4. Spielst du gern Karten?

5. Spielst du gern Handball?

6. Welchen Sport treibst du?

7. Kannst du Klavier spielen?

8. Was für Musik hörst du gern?

a. Ja, aber lieber Fußball.

b. Tennis und Schwimmen.

c. Ich mag klassische Musik.

d. Ja schon! Fast jeden Monat.

e. Ich habe nicht viel Freizeit. Aber ich lese gern.

f. Nein, ich spiele Trompete.

g. Ja, ich reite sehr gern.

h. Nein, ich mag nicht.

1.	2.	3.	4.	5.	6.	7.	8.
h	e	d	g	a	b	f	c

J'observe et je retiens

■ **Meine Schulsachen**

1. die Schultasche
2. das Buch (¨er)
3. das Heft (-e)
4. das Federmäppchen/das Etui
5. das Lineal
6. der Kugelschreiber (-)
7. der Bleistift (-e)
8. der Radiergummi
9. die Mappe (-n)
10. die Schere

■ **Mein Stundenplan**

Andreas Müller - Klasse 6 A

Zeit		Montag	Dienstag	Mittwoch	Donnerstag	Freitag	Samstag	Sonntag
Erste Stunde	7.45 8.30	Deutsch	Englisch	Französisch	Mathe	Geschichte	F R E I	F E I E R T A G
Zweite Stunde	8.35 9.20	Religion	Physik	Biologie	Erdkunde	Chemie		
Pause								
Dritte Stunde	9.30 10.15	Französisch	Deutsch	Deutsch	Englisch	Französisch		
Vierte Stunde	10.20 11.05	Geschichte	Deutsch	Englisch	Mathe	Musik		
Große Pause								
Fünfte Stunde	11.25 12.10	Mathe	Sport	Kunst	Informatik	Mathe		
Letzte Stunde	12.15 13.00		Sport	Kunst	Informatik			

■ ***Ich erzähle von der Schule.* → Je parle de l'école.**

die Schule → l'école

das Gymnasium → le collège + lycée (classes 5 à 13)

der Lehrer/die Lehrerin → le professeur

der Schüler/die Schülerin → l'élève

das Fach (¨er) → la matière

die Stunde → le cours

die Pause → la récréation

Ich arbeite. → Je travaille.

Ich lerne. → J'apprends.

Ich frage. → Je demande/pose une question.

Ich antworte. → Je réponds.

Ich höre zu. → J'écoute.

Ich passe auf. → Je fais attention.

Wie heißt dein Deutschlehrer? → Comment s'appelle ton professeur d'allemand ?

Was ist dein Lieblingsfach? → Quelle est ta matière préférée ?

Wie viel Stunden hast du am Montag? → Combien de cours (d'heures de cours) as-tu le lundi ?

Hast du viele Hausaufgaben? → As-tu beaucoup de devoirs ?

Ich habe eine Frage, bitte! → J'ai une question, SVP !

Ich habe nicht verstanden. → Je n'ai pas compris.

Können Sie bitte wiederholen? → Pouvez-vous répéter, SVP ?

Ich habe eine 1; eine 2; eine 3 ... → J'ai (notes de 1 à 6/ou 1 à 5 : le 1 est la meilleure note).

J'applique

1 Voici la liste des fournitures scolaires de Birgit ; ajoute les voyelles manquantes.

Birgit braucht...

Einkaufsliste:

1. 2 M _a_ p p _e_ _ n

2. 1 L _i_ n _ea_ _ l

3. 6 H _e_ f t _e_

4. 5 Bl _e_ _ i s t _i_ f t _e_ .

5. 1 R _a_ d _i_ _e_ rg _u_ m m _i_

2 Entoure les sept jours de la semaine cachés dans la grille (horizontalement ou verticalement).

V	A	B	D	V	S	A	M	S	T	A	G
K	M	K	I	M	U	S	I	K	W	O	R
O	S	U	E	W	F	I	T	M	E	D	E
D	O	N	N	E	R	S	T	A	G	E	A
I	N	S	R	E	P	W	T	E	U	O	O
E	N	T	B	I	O	O	H	B	T	U	U
S	T	W	A	I	T	R	C	E	S	I	
E	A	A	G	S	A	T	H	A	L	C	M
R	G	S	E	N	G	L	I	S	C	H	R
M	O	N	T	A	G	P	A	U	L	V	T

3 Aide Sonja à préparer son cartable pour le lundi : quelles matières a-t-elle ce jour-là ? Retrouve-les dans la grille ci-dessus et reporte les réponses.

Am Montag hat sie _Musik_ , _Deutsch_ , _Mathe_ , _Englisch_ , _Kunst_ , _Sport_ .

Je m'entraîne

4 Que va te dire ton professeur dans les situations suivantes ? Relie les deux colonnes correspondantes.

1. Il te demande de t'asseoir.

2. Il te demande d'ouvrir le livre.

3. Il te demande d'écouter.

4. Il te demande de répéter.

5. Il te demande d'aller au tableau.

6. Il te demande d'écrire dans le cahier.

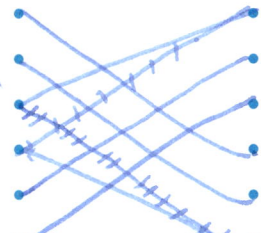

a. "Hör gut zu!"

b. "Komm an die Tafel!"

c. "Schreib ins Heft!"

d. "Setz dich bitte!"

e. "Schlag das Buch auf!"

f. "Kannst du bitte wiederholen!"

5 Demande à Karin ...

1. comment s'appelle son professeur d'anglais. _Wie heißt dein Englischlehrer ?_

2. quelle est sa matière préférée. _Was ist dein Lieblingsfach ?_

3. combien d'élèves apprennent le français. _Wie viel Schülerin lernen französisch ?_

4. si elle a tout compris. _Hast du verstanden ?_

5. si elle a beaucoup de devoirs. _Hast du viele Hausaufgaben ?_

6. ce qu'elle a le mardi. _Was hast du im Dienstag_

J'observe et je retiens

Anmeldeformular
Name: KELLER
Vorname: Verena
Adresse: Kaiserstuhlstr. 9
                D14129 BERLIN
Telefonnummer: 030.85.96.34.62
Handynummer: 87.40.664

Schlussverkauf → les soldes

Was kostet der Fernseher?
Er kostet tausendzweihundertdreiundsiebzig Euro.

       1   2   7   3   €

Wie viel kostet der Kühlschrank?
Er kostet hundertachtundneunzig Euro fünfundsiebzig Cent.

       1   9   8   7   5   €

0	null	10	zehn	20	zwanzig	60	sechzig	220	zweihundertzwanzig
1	eins	11	elf	21	einundzwanzig	70	siebzig	1000	tausend
2	zwei	12	zwölf	22	zweiundzwanzig	80	achtzig		
3	drei	13	dreizehn	23	dreiundzwanzig	90	neunzig		
4	vier	14	vierzehn	24	vierundzwanzig	100	hundert		
5	fünf	15	fünfzehn	25	fünfundzwanzig	101	hunderteins		
6	sechs	16	sechzehn	...		102	hundertzwei		
7	sieben	17	siebzehn	30	dreißig	110	hundertzehn		
8	acht	18	achtzehn	40	vierzig	115	hundertfünfzehn		
9	neun	19	neunzehn	50	fünfzig				

Remarque ▶ En allemand, on écrit d'abord les unités puis les dizaines.
De 13 à 19 : unité + -zehn
À partir de 21 : unité + und + -zig

die Zahl → le nombre   *zahlen* → payer   *zählen* → compter

J'applique

1 Compte les bougies et indique en lettres l'âge de chaque enfant.

Natascha
Ich bin *vierzehn*

Julia
Ich bin *neun*

Robert
Ich bin *fünf*

David
Ich bin *elf*

2 Entoure dans le cadre les nombres donnés en toutes lettres.

(75)	(96)	13
(31)	(42)	55
29	(67)	(14)
(18)	(120)	22

einunddreißig – siebenundsechzig – neunundzwanzig – vierzehn – achtzehn – fünfundsiebzig – zweiundvierzig – sechsundneunzig – hundertundzwanzig

3 Quels sont les nombres restants de l'exercice 2 ? Écris-les en lettres.

zweiundzwanzig , fünfundfünfzig , dreizig . dreizehn

Je m'entraîne

4 Maman vérifie ses achats avec son ticket de caisse.

a. Écris le prix de chaque article en toutes lettres.

Kassenzettel	
Butter	2.70
Marmelade	2.89
Äpfel	2.38
Kartoffeln	2.18
Orangensaft	2.99
Bananen	2.79

Was kosten die Butter, die Marmelade, die Äpfel, die Kartoffeln, der Orangensaft, die Bananen?

Die Butter kostet *zwei Euro siebzig* .

Die Marmelade kostet *zwei Euro neunundachtzig* .

Die Äpfel kosten *zwei Euro achtunddreizig* .

Die Kartoffeln kosten *zwei Euro achtzehn* .

Der Orangensaft kostet *zwei Euro neunundneunzig* .

Die Bananen kosten *zwei Euro neunundsiebzig* .

b. Fais l'addition et donne la somme totale en lettres.

Was hat sie bezahlt? *fünfzehn Euro dreiundneunzig*

5 Reporte-toi à la rubrique « J'observe et je retiens » et indique en lettres le prix des objets soldés.

Der Fotoapparat kostet *zweihundertneunundfünfzig Euro* .

Das Handy kostet *neunundsiebzig Euro* .

Die Mikrowelle kostet *tausendzweihundertzweiundsiebzig Euro* .

J'observe et je retiens

■ **Wie viel Uhr ist es? Wie spät ist es?**

Friedrichs Alltag:

Es ist **sieben Uhr.**
Der Wecker klingelt.
Friedrich wacht auf.

Es ist **Viertel nach sieben.**
Friedrich steht auf und geht ins Bad.

Es ist **halb acht.**
Friedrich frühstückt.

Es ist **Viertel vor acht.**
Friedrich geht in die Schule.

Es ist **kurz nach acht.**
Die Schule fängt an.

Es ist **fünf nach halb zwei.**
Die Schule ist aus.
Friedrich kommt nach Hause.

Pour indiquer l'heure, je donne d'abord les minutes, puis ensuite l'heure.

Après l'heure : *nach*. **Par exemple :** Es ist Viertel nach sieben.

Avant l'heure : *vor*. **Par exemple :** Es ist Viertel vor acht.

Attention ▶ Après *halb*, il n'y a pas de préposition ; je cite l'heure qui suit.

■ **Am Bahnhof**

ABFAHRT		
Zug		Gleis
München – Köln	13.50	3
München – Augsburg	13.53	5
München – Stuttgart	13.57	1
München – Paris	14.06	21

– Wann fährt der Zug nach Köln?
– Um **dreizehn Uhr fünfzig.**
– Um wie viel Uhr fährt der Zug nach Augsburg?
– Um **dreizehn Uhr dreiundfünfzig.**
– Wann fährt der Zug nach Paris?
– Um **vierzehn Uhr sechs.**

Remarque ▶ Pour un horaire, je précise d'abord l'heure et ensuite les minutes.

■ **Comment indiquer l'heure ?**

Wann und wo treffen wir uns? ➔ Quand et où se voit-on ?

Um wie viel Uhr treffen wir uns? ➔ À quelle heure se donne-t-on rendez-vous ?

Wir treffen uns um 16 Uhr vor dem Kino. ➔ On se retrouve à 16 heures devant le cinéma.

Wann/Um wie viel Uhr beginnt die Schule/der Film/das Fußballspiel? ➔ Quand/À quelle heure commence l'école/le film/le match de foot ?

Um wie viel Uhr hast du deinen Termin beim Arzt? ➔ À quelle heure est ton rendez-vous chez le médecin ?

J'applique

1 Ajoute les chiffres manquants.

Wie viel Uhr ist es?

Es ist zehn   Es ist Viertel   Es ist zwanzig   Es ist halb   Es ist Viertel

vor *zehn* .   nach *fünf* .   vor *sechs* .   *eins* .   vor *acht* .

2 Verena raconte ce qu'elle fait quotidiennement. Complète les pointillés par les heures suivantes : *Viertel nach sieben – zehn vor eins – Viertel vor sieben – fünf nach halb acht – einundzwanzig Uhr – sieben Uhr.*

1. Es ist *fünf nach halb acht* Der Wecker klingelt.

2. Es ist *einundzwanzig Uhr.* Verena steht auf und geht ins Bad.

3. Es ist *sieben Uhr* . Verena frühstückt.

4. Es ist *Viertel nach sieben* Sie fährt zur Schule.

5. Es ist *zehn vor eins* . Die Schule ist aus. Sie kommt nach Hause.

6. Es ist *viertel vor zeben.* Sie ist müde und geht ins Bett.

3 Relie les deux colonnes pour obtenir la même heure !

Wann fährt der Zug ab?

Ich glaube um ...

zehn vor zehn
fünf nach vier
Viertel nach sieben
halb neun
kurz nach Viertel nach elf
kurz nach halb zwei
fünf nach halb acht
Viertel vor sieben

Ach ja! Es steht hier um ...

sechzehn Uhr fünf
elf Uhr sechzehn
zwanzig Uhr dreißig
dreizehn Uhr einunddreißig
neun Uhr fünfzig
achtzehn Uhr fünfundvierzig
sieben Uhr fünfunddreißig
sieben Uhr fünfzehn

Je m'entraîne

4 Réponds aux questions en suivant les indications données.

1. Um wie viel Uhr treffen wir uns?

 Wir treffen uns *um Viertel nach vier*

2. Wann fährt dein Zug ab?

 Der Zug fährt *zehn vor zehn* ab.

3. Wie viel Uhr ist es bitte?

 Es ist *halb drei* .

4. Um wie viel Uhr hast du einen Termin beim Zahnarzt?

 Morgen um *zwanzig nach elf* .

5. Um wie viel Uhr beginnt das Rockkonzert?

 Es fängt um *Viertel vor neun* an.

L'énoncé déclaratif

J'observe et je retiens

In den Ferien	**fahre**	ich zu meinen Großeltern.
Ich	**fahre**	in den Ferien zu meinen Großeltern.
Wenn ich Ferien habe,	**fahre**	ich zu meinen Großeltern.
Nächsten Sommer	**fahre**	ich zu meinen Großeltern.
Bald	**fahre**	ich zu meinen Großeltern.

Dans un énoncé déclaratif, **le verbe conjugué est toujours en seconde position** (quelle que soit la fonction ou la longueur du premier élément). La première position peut être occupée par un groupe nominal sujet, un groupe nominal complément, un adverbe ou une proposition subordonnée.

Attention ▸ Un complément en tête n'est pas suivi d'une virgule comme en français.

J'applique

1 Repère la place du verbe conjugué dans l'énoncé. Ajoute un point pour l'énoncé déclaratif et un point d'interrogation pour l'énoncé interrogatif.

1. Jeden Morgen stehe ich früh auf _?_
2. Der Wecker klingelt um halb sieben _._
3. Mama kommt ins Zimmer _._
4. "Kannst du nicht aufstehen _?_ „ __
5. Schnell gehe ich ins Bad _?_
6. Dann frühstücke ich _?_

7. Alles steht schon auf dem Tisch _._
8. "Möchtest du noch Brot _?_ „
9. "Hast du deine Brote für die Schule _?_ „
10. Um Viertel nach sieben fahre ich mit dem Bus in die Schule _._
11. Ich wohne ja sehr weit in einem kleinen Dorf _._
12. Wohnst du in der Stadt oder auf dem Land _?_

2 Commence chaque énoncé déclaratif par les mots soulignés.

1. Heute habe ich Geburtstag. _Ich habe Heute Geburtstag_
2. Die Schule fängt um Viertel vor acht an. ___
3. Grün ist meine Lieblingsfarbe. _Meine Lieblingsfarbe ist Grün._
4. Ich habe eine gute Note bekommen. _Eine gute Note bekommen Ich habe_
5. Heute ziehe ich meine Jeans an. _Ich ziehe an meine Heute Jeans_
6. Weil er kein Auto hat, fährt er mit. _Er hat fährt mit, weil er kein auto hat_
7. Berlin gefällt mir sehr gut. _Mir gefällt Berlin sehr gut_

Je m'entraîne

3 Remets de l'ordre pour formuler des énoncés déclaratifs !

1. Weihnachten / bald / es / ist / . ___
2. warten / jetzt / die Kinder / zu Hause / . ___
3. einkaufen / die Eltern / heute / gehen / . ___
4. Papa / ins Kaufhaus / geht / . ___
5. bekommt / Lisa / ein Spiel / . ___
6. Alfred / Bücher und CDs / wünscht sich / . ___
7. backt / Mama / in der Küche / Weihnachtsplätzchen / . ___

12 L'énoncé interrogatif

J'observe et je retiens

Alfred est un nouvel élève. Ses camarades s'avancent vers lui et lui posent des questions !

2
Wie heißt du?
Wer bist du?
Woher kommst du?
Wo wohnst du?
Wie alt bist du?

1
Hast du schon Freunde?
Gefällt es dir hier?
Bleibst du lange bei uns?

Il faut différencier :
- **l'interrogation partielle :** l'énoncé commence par un **interrogatif en W-** (*W-Frage*), le **verbe** est en **seconde position ;**
- **l'interrogation globale :** le **verbe** est en **première position,** la réponse sera *Ja* ou *Nein*.

J'applique

1 **Relie les questions aux bonnes réponses.**

Was möchtest du trinken?   •   •   Ja. Ich habe viel gegessen.
Hast du noch Hunger?   •   •   Ja, bitte. Eine Scheibe.
Bist du satt?   •   •   Ja, ein bisschen. Ich mache Torten.
Was isst du gern?   •   •   Eine Limo, bitte!
Möchtest du Brot?   •   •   Ja, sehr gut, danke.
Schmeckt's dir?   •   •   Nein, danke. Es hat sehr gut geschmeckt.
Kannst du kochen?   •   •   Meine Lieblingsspeise ist Wienerschnitzel mit Pommes.

2 **Écris les éléments de la phrase (sans en modifier l'ordre) et place le verbe entre parenthèses à sa place.**

Lukas et Karin s'apprêtent à sortir. Lukas demande …

1. / du / fertig / ?   (bist) _____ ?
2. / du / den Autoschlüssel / ?   (hast) _____ ?
3. / um wie viel Uhr / das Konzert / ?   (beginnt) _____ ?
4. / du / die Karten / ?   (findest) _____ ?
5. / wir / gleich / wegfahren / ?   (können) _____ ?

Je m'entraîne

3 **Remets de l'ordre dans les questions posées lorsque c'est nécessaire.**

Anja: Hallo Sabine. *dir / wie / geht's / ?* _____

Sabine: Gut, danke und dir?

Anja: Auch gut. *machst / heute Nachmittag / du / was / ?* _____

Sabine: Ich weiß es noch nicht. *in die Stadt / du / gehst / ?* _____

Anja: Ja. Ich möchte einkaufen gehen. *du / hast / auch Lust / ?* _____

Sabine: Ja gern. *kommt / wer / mit / ?* _____

Anja: Vielleicht Angela.

Anja: *treffen / uns / wir / wann / ?* _____

Sabine: Um 14 Uhr vor dem Kaufhof. *für dich / geht' / s / ?* _____

Anja: Ja, sehr gut! Bis später.

13 Les interrogatifs en W-

J'observe et je retiens

Dans un magasin : der Kunde *(le client)*

Wer kann mir helfen? **Wen** soll ich fragen?

Was kostet die lila Bluse? **Wann** bekommen Sie andere Blusen?

Wo ist die Kasse? **Um wie viel** Uhr machen Sie zu?

die Verkäuferin *(la vendeuse)*

Wie alt ist ihre Tochter? **Warum** probiert sie es nicht an?

Wie zahlen Sie bitte?

Woher kommen Sie denn? **Wohin** möchten Sie jetzt fahren?

Dans un énoncé interrogatif partiel, la question commence par un **interrogatif en W-.** Le **verbe conjugué** est en **seconde position.**

Wer? qui ? (sujet : nominatif)

Wen? qui ? (à l'accusatif)

Wem? qui ? (au datif)

Was? que/quoi ?

Wann? quand ?

Wie? comment ?

Wo? où ? (locatif)/*Wohin?* où ? (directif)

Woher? d'où ? (provenance, origine)

Wie viel? combien ?

Wie viel Uhr? quelle heure ?

Um wie viel Uhr? à quelle heure ?

Warum? pourquoi ?

Wie alt? quel âge ?

J'applique

1 Entoure l'interrogatif qui donne un sens à l'énoncé.

1. Warum / Wie alt / Wohin lachst du?

2. Wann / Wer / Wen gehen wir nach Hause?

3. Wie / Wer / Was bekommst du zum Geburtstag?

4. Woher / Wie / Wo sagt man Brot auf Englisch?

5. Warum / Was / Wohin ist deine Lieblingsfarbe?

6. Wo / Warum / Wie fühlst du dich?

7. Was / Wo / Warum ist bitte eine Bank?

8. Wo / Was / Wie hast du denn?

2 Pose la question se rapportant aux mots soulignés. Chaque interrogatif ci-après doit être utilisé une fois : *wann – wo – woher – wer - was – warum – wie alt – wie.*

1. <u>Jennifer</u> fehlt heute. _____

2. Sie hat die <u>Grippe</u>. _____

3. Sie kommt <u>nächste Woche</u> wieder in die Schule. _____

4. Ihre Schwester heißt <u>Claudia</u>. _____

5. Sie ist <u>26</u>. _____

6. Sie wohnt <u>in Frankreich</u>. _____

7. Claudias Mann kommt <u>aus der Schweiz</u>. _____

8. Ich kenne Claudia sehr gut, <u>weil sie auch mal in der Schule war</u>. _____

Je m'entraîne

3 Tu es dans le train et tu fais la connaissance de Michael. Pose-lui des questions en utilisant des interrogatifs en W-. Tu le tutoies, demande lui :

1. comment il s'appelle. _____

2. où il se rend *(fahren)*. _____

3. quelle heure il est. _____

4. quand est son anniversaire. _____

5. d'où il vient. _____

6. où il habite. _____

7. quel âge il a. _____

8. ce qu'il aime lire *(gern lesen)*. _____

14 L'énoncé injonctif

J'observe et je retiens

Je parle à une personne.	Je parle à plusieurs personnes.	Je parle à une personne que je vouvoie.
1	**1**	**1**
Gib mir bitte deine Telefonnummer**!**	**Besucht** uns nächsten Sommer**!**	**Fahren Sie** nicht zu schnell**!**
Ruf doch mal an**!**	**Seid** vorsichtig**!**	
Melde dich bald**!**	**Kommt** gut nach Hause**!**	

■ Dans un énoncé injonctif, le **verbe conjugué** est en **première position** et à l'**impératif.**

■ L'impératif :

2ᵉ pers. du singulier	– pour les verbes faibles : radical sans terminaison (-e facultatif) – pour les verbes forts : radical modifié sans terminaison – radical terminé par -d, -t, -er, -el, -n : je garde le -e (euphonique) – verbe *sein*: *Sei!*	**Attention ▶** N'oublie pas le point d'exclamation à la fin de l'énoncé injonctif !
2ᵉ pers. du pluriel	radical + -t (ou -et)/seid! : soyez	
Forme de politesse	-en + Sie!	

J'applique

1 À qui s'adressent les ordres prononcés ? Écris derrière chaque énoncé W lorsqu'il s'agit de Walter et W/I lorsqu'il s'agit de Walter et d'Ida.

1. Stör mich bitte nicht! _____

2. Kommt schnell ins Wohnzimmer! _____

3. Schreit doch nicht so laut! _____

4. Geht bitte ins Bett! _____

5. Bring mir bitte einen Teller! _____

6. Nimm ein Stück Torte! _____

7. Hol bitte eine Flasche aus dem Keller! _____

8. Mach bitte die Tür zu! _____

9. Zieht euch warm an! _____

10. Antwortet bitte höflich! _____

2 Donne des conseils ! Choisis dans la liste le verbe qui convient pour compléter les phrases : *Macht! – Ruf! – Trink! – Esst! – Fahr! – Geh! – Fragen Sie! – Lauf!*

1. _____ die Straße nicht schmutzig!

2. _____ kein Bier! Das macht dick!

3. _____ nicht so schnell! Du kriegst einen Unfall!

4. _____ dort die Verkäuferin!

5. _____ jetzt schlafen! Du bist ja müde!

6. _____ Obst und Gemüse! Das ist sehr gesund!

7. _____ schnell zur Bäckerei! Sie ist bald zu!

8. _____ den Arzt an! Du hast sicher Fieber!

Je m'entraîne

3 Reconstitue les énoncés injonctifs et relie-les ensuite à la colonne de droite.

Que demande ton ami ?

1. zu / hör _____ ! •

2. mit / komm / auf den Hof _____ ! •

3. lauter / sprich _____ ! •

4. dein Heft / mir / zeig _____ ! •

5. das Fenster / zu / mach _____ ! •

• **a.** lui montrer ton cahier

• **b.** parler plus fort

• **c.** l'accompagner dans la cour

• **d.** fermer la fenêtre

• **e.** écouter

15 La subordonnée (DASS, WEIL, OB)

J'observe et je retiens

Lisa: Weißt du vielleicht, **ob** Lena auf meine Party kommt?
Jessica: Ich glaube, **dass** sie nicht kommen kann. Sie muss zu Hause bleiben,
 weil ihre Eltern Besuch aus Frankreich haben.
 (groupe verbal à l'infinitif : *Besuch aus Frankreich haben*)

La **subordonnée :**
– Elle se compose d'un **verbe conjugué en dernière position**, c'est-à-dire à droite comme dans le groupe infinitif. Les éléments en relation avec le verbe s'ordonnent à sa gauche.
– Elle est toujours séparée par une **virgule.**
– Elle est introduite par :
 – *dass* (que) après *denken, sagen, erzählen, finden, hoffen, glauben*;
 – *weil* (parce que) en réponse à la question *warum?*;
 – *ob* (si, oui ou non).

J'applique

1 **Relie début et fin de phrase.**

1. Kannst du mir sagen, •
2. Ich denke, •
3. Ich lade sie ein, •

• **a.** dass sie keine Suppe mag.
• **b.** ob wir noch Butter haben?
• **c.** weil sie sehr lustig ist.
• **d.** dass sie sehr gut kocht.
• **e.** ob sie angekommen ist?
• **f.** weil wir gute Freundinnen sind.

2 **Complète par** *dass*, *weil*, **ou** *ob*.

1. Weißt du, _____ Papa schon zurück ist?

2. Ich finde auch, _____ der Rock zu kurz ist.

3. Mama sagt immer, _____ ich zu wenig arbeite.

4. Ich gehe einkaufen, _____ der Kühlschrank leer ist.

5. Ich bin sicher, _____ es bald regnet.

6. Ich möchte wissen, _____ du morgen frei hast.

7. Ich denke, _____ du zu viel gegessen hast!

8. Ich hoffe, _____ du wieder gesund bist.

Je m'entraîne

3 **Transpose les énoncés interrogatifs ou déclaratifs en subordonnées (***ob, dass, weil***).**

1. Liest sie gern? Kann sie Klavier spielen?

Frag sie,_____

_____

2. Sie hat Fieber. Sie braucht Ruhe.

Ich glaube, _____

_____

3. Er hat ein neues Auto. Das Wetter ist herrlich.

Er ist sehr froh, _____

_____

CORRIGÉS

Allemand 6ᵉ

1. La famille, page 5

❶ der Vater – die Tochter – der Großvater – die Mutter – der Sohn – die Großmutter.

❷ Meine Großeltern heißen Heinrich und Herta. Sie haben zwei Kinder: einen Sohn (er heißt Ralph) und eine Tochter (sie heißt Brigitte). Brigittes Mann heißt Klaus. Jutta ist Ralphs Frau. Tanja ist meine Cousine. Meine Schwester Angelika ist 10; ich aber bin 12.

❸ Hallo! Ich bin/heiße Anja Hirt.
Ich bin 12.
Ich wohne in Heidelberg.
Mein Vater heißt Thomas.
Er ist Schuldirektor.
Meine Mutter heißt Karin.
Mein Bruder heißt Klaus.
Er ist 5 (fünf).
Meine Schwester heißt Lisa.
Sie ist 16 (sechzehn).

2. Les fêtes, page 7

❶ 1. September
2. November
3. Juni
4. Februar
5. August
6. Dezember

❷ Ostern: 3
Neujahr: 1
Weihnachten: 7
Oktoberfest: 4
Karneval: 2
Martinstag: 6
Deutscher Nationalfeiertag: 5

❸ Papa bekommt ein Handy.
Mama bekommt Parfüm.
Ich bekomme Schmuck.
Mein Bruder bekommt Taschengeld.

❹ 1. Danke für das Geschenk!
2. Was bekommst du zu Weihnachten?
3. Wann hast du Geburtstag?
4. Fröhliche Weihnachten!/Frohe Weihnachten!/Ich wünsche dir ein frohes Weihnachtsfest.
5. Ein gutes neues Jahr!/Einen guten Rutsch ins Neujahr!

3. L'habitation, page 9

❶

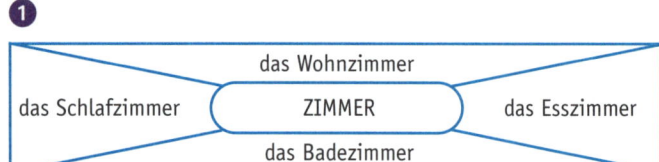

	das Wohnzimmer	
das Schlafzimmer	ZIMMER	das Esszimmer
	das Badezimmer	

❷ 1. Briefkasten
2. Dachboden

3. Keller
4. Küche
5. Nachbarn
6. Garten
7. Kleiderschrank.

❸ 1. Garage, Garten
2. Küche
3. Stock
4. Dorf, Stadt
5. Hund, Katze.

❹ Das Handy ist also in der Küche.

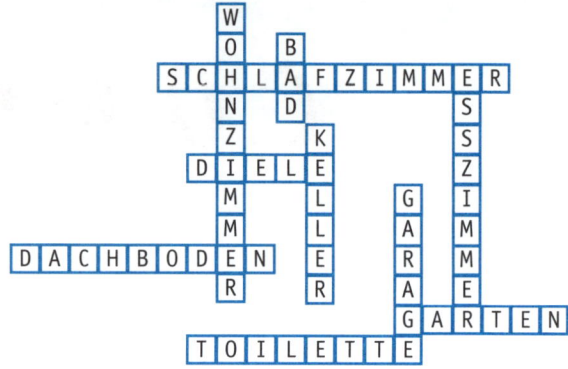

4. La nourriture, page 11

❶ Ich trinke gern Apfelsaft, Wein, Wasser, Tee.
Ich esse gern Fleisch, Käse, Gemüse, Eier.

❷ das Brot – der Kaffee – der Tee – die Butter – die Wurst.

❸ 1. Ich mag Eis.
2. Ich esse gern Käse.
3. Ich mag Wurst.
4. Ich mag Brötchen.
5. Ich mag Pommes.
6. Ich mag Obst.

❹ 1. Hast du Hunger?
2. Magst du Gemüse?
3. Möchtest du noch eine Scheibe Brot?
4. Möchtest du noch etwas? / Bist du satt?
5. Bring mir einen Teller bitte!

5. Les vêtements et les couleurs, page 13

❶

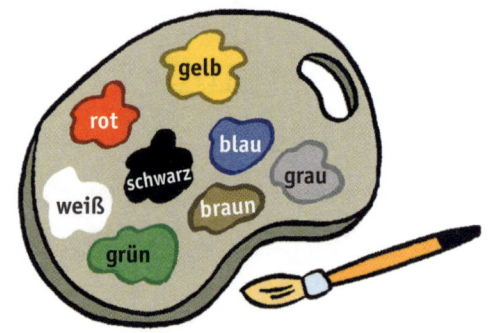

© Cahier du Jour/Cahier du Soir – Allemand 6ᵉ

2 eine grüne Hose und ein weißes T-Shirt – ein gelbes Kleid und schwarze Schuhe – einen schwarzen Mantel und braune Stiefel – einen rosa Pulli und dunkle Jeans – einen lila Rock und ein weißes Hemd.

3 ein gelbes T-Shirt – 3 weiße T-Shirts – ein schwarzer Rock – ein braunes Blouson – schwarze Schuhe.

4 3 – 6 – 1 – 5 – 4 – 7 – 2.

6. Les achats, page 15

1 1. Blumengeschäft – 2. Modegeschäft – 3. Schreibwarengeschäft – 4. Lebensmittelgeschäft – 5. Schunhgeschäft.

2

3

1. Wie viel Äpfel möchten Sie? • • a. Nein! Das finden Sie im Kaufhaus.
2. Was kostet der Pulli? • • b. 38-Small
3. Haben Sie noch Schwarzbrot? • • c. 1 Kilo, bitte!
4. Haben Sie Hausschuhe? • • d. Ja, gern! Ich suche ein deutsches Lexikon.
5. Welche Größe haben Sie? • • e. 32 Euro.
6. Kann ich Ihnen helfen? • • f. Nein, nur Weißbrot.

4 1. Wo finde ich bitte CDs? 2. Wo ist bitte die Kasse?

7. Les loisirs, page 17

1 3. Christina – 1. Sarah – 4. Doris – 2. Barbara.

2 schwimmen – joggen – Fußball spielen – Inline-Skater fahren – reiten – Rad fahren.

3

4

1.	2.	3.	4.	5.	6.	7.	8.
g.	e.	d.	h.	a.	b.	f.	c.

8. L'école, page 19

1 1. Mappen – 2. Lineal – 3. Hefte – 4. Bleistifte – 5. Radiergummi.

2

```
V A B D V S A M S T A G
K M K I M U S I K W O R
O S U E W F I T M E D E
D O N N E R S T A G E A
I N S S R E P W T E U O
E N T B E I O H B T U
S T W A I T R C E E S I
E A A G S A T H A L C M
R G S E N G L I S C H R
M O N T A G P A U L V T
```

3

```
V A B D V S A M S T A G
K M K I M U S I K W O R
O S U E W F I T M E D E
D O N N E R S T A G E A
I N S S R E P W T E U O
E N T T B I O H B T U
S T W A I T R C E E S I
E A A G S A T H A L C M
R G S E N G L I S C H R
M O N T A G P A U L V T
```

Am Montag hat sie Musik, Kunst, Sport, Englisch, Mathe und Deutsch.

4 1. Il te demande de t'asseoir.
2. Il te demande d'ouvrir le livre.
3. Il te demande d'écouter.
4. Il te demande de répéter.
5. Il te demande d'aller au tableau.
6. Il te demande d'écrire dans le cahier.

• "Hör gut zu!"
• "Komm an die Tafel!"
• "Schreib ins Heft!"
• "Setz dich bitte!"
• "Schlag das Buch auf!"
• "Kannst du bitte wiederholen!"

5 1. Wie heißt dein Englischlehrer?
2. Was ist dein Lieblingsfach?
3. Wie viel(e) Schüler lernen Französisch?
4. Hast du alles verstanden?
5. Hast du viele Hausaufgaben?
6. Was hast du am Dienstag?

9. Les nombres, page 21

1 Ich bin vierzehn. – Ich bin neun. – Ich bin fünf. – Ich bin elf.

2
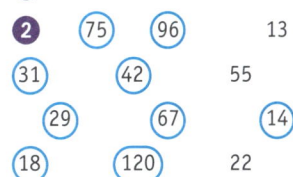

75 96 13
31 42 55
29 67 14
18 120 22

3 22 : zweiundzwanzig – 55 : fünfundfünfzig – 13 : dreizehn.

4 a. Die Butter kostet zwei Euro siebzig Cent.
Die Marmelade kostet zwei Euro neunundachtzig Cent.
Die Äpfel kosten zwei Euro achtunddreißig Cent.
Die Kartoffeln kosten zwei Euro achtzehn Cent.
Der Orangensaft kostet zwei Euro neunundneunzig Cent.
Die Bananen kosten zwei Euro neunundsiebzig Cent.
b. Fünfzehn Euro dreiundneunzig Cent.

5 Der Fotoapparat kostet zweihundertneunundfünfzig Euro.
Das Handy kostet neunundsiebzig Euro.
Die Mikrowelle kostet hundertneunundneunzig Euro neunundneunzig Cent.

© Cahier du Jour/Cahier du Soir – *Allemand 6e*

10. L'heure, page 23

❶ Es ist zehn vor zehn.
Es ist Viertel nach fünf.
Es ist zwanzig vor sechs.
Es ist halb eins.
Es ist Viertel vor acht.

❷ **1.** Es ist Viertel vor sieben.
2. Es ist sieben Uhr.
3. Es ist Viertel nach sieben.
4. Es ist fünf nach halb acht.
5. Es ist zehn vor eins.
6. Es ist einundzwanzig Uhr.

❸
zehn vor zehn	sechzehn Uhr fünf
fünf nach vier	elf Uhr sechzehn
Viertel nach sieben	zwanzig Uhr dreißig
halb neun	dreizehn Uhr einunddreißig
kurz nach Viertel nach elf	neun Uhr fünfzig
kurz nach halb zwei	achtzehn Uhr fünfundvierzig
fünf nach halb acht	sieben Uhr fünfunddreißig
Viertel vor sieben	sieben Uhr fünfzehn

❹ **1.** Wir treffen uns um Viertel nach vier.
2. Der Zug fährt um zehn vor zehn (neun Uhr fünfzig) ab.
3. Es ist halb drei.
4. Morgen um zwanzig nach elf.
5. Es fängt um Viertel vor neun an.

GRAMMAIRE

11. L'énoncé déclaratif, page 24

❶ **1.** Jeden Morgen stehe ich früh auf.
2. Der Wecker klingelt um halb sieben.
3. Mama kommt ins Zimmer.
4. "Kannst du nicht aufstehen?„
5. Schnell gehe ich ins Bad.
6. Dann frühstücke ich.
7. Alles steht schon auf dem Tisch.
8. "Möchtest du noch Brot?„
9. "Hast du deine Brote für die Schule?„
10. Um Viertel nach sieben fahre ich mit dem Bus in die Schule.
11. Ich wohne ja sehr weit in einem kleinen Dorf.
12. Wohnst du in der Stadt oder auf dem Land?

❷ **1.** Ich habe heute Geburtstag.
2. Um Viertel vor acht fängt die Schule an.
3. Meine Lieblingsfarbe ist grün.
4. Eine gute Note habe ich bekommen.
5. Ich ziehe heute meine Jeans an.
6. Er fährt mit, weil er kein Auto hat.
7. Mir gefällt Berlin sehr gut.

❸ **1.** Es ist bald Weihnachten.
2. Die Kinder warten jetzt zu Hause./Jetzt warten die Kinder zu Hause.
3. Die Eltern gehen heute einkaufen./Heute gehen die Eltern einkaufen.
4. Papa geht ins Kaufhaus.
5. Lisa bekommt ein Spiel.
6. Alfred wünscht sich Bücher und CDs.
7. Mama backt in der Küche Weihnachtsplätzchen./In der Küche backt Mama Weihnachtsplätzchen.

12. L'énoncé interrogatif, page 25

❶ Was möchtest du trinken?
Hast du noch Hunger?
Bist du satt?

Was isst du gern?
Möchtest du Brot?
Schmeckt's dir?

Kannst du kochen?

Ja. Ich habe viel gegessen.
Ja, bitte. Eine Scheibe.
Ja, ein bisschen. Ich mache Torten.
Eine Limo, bitte!
Ja, sehr gut, danke.
Nein, danke. Es hat sehr gut geschmeckt.
Meine Lieblingsspeise ist Wienerschnitzel mit Pommes.

❷ **1.** Bist du fertig?
2. Hast du den Autoschlüssel?
3. Um wie viel Uhr beginnt das Konzert?
4. Findest du die Karten?
5. Können wir gleich wegfahren?

❸ Anja: Hallo Sabine. Wie geht's dir?
Sabine: Gut, danke und dir?
Anja: Auch gut. Was machst du heute Nachmittag?
Sabine: Ich weiß es noch nicht. Gehst du in die Stadt?
Anja: Ja. Ich möchte einkaufen gehen. Hast du auch Lust?
Sabine: Ja gern. Wer kommt mit?
Anja: Vielleicht Angela.
Anja: Wann treffen wir uns?
Sabine: Um 14 Uhr vor dem Kaufhof. Geht's für dich?

13. Les interrogatifs en W-, page 26

❶ **1.** Warum – **2.** Wann – **3.** Was – **4.** Wie – **5.** Was – **6.** Wie – **7.** Wo – **8.** Was

❷ **1.** Wer fehlt heute?
2. Was hat sie?
3. Wann kommt sie wieder in die Schule?
4. Wie heißt ihre Schwester?
5. Wie alt ist sie?
6. Wo wohnt sie?
7. Woher kommt Claudias Mann?
8. Warum kennst du Claudia sehr gut?

❸ **1.** Wie heißt du?
2. Wohin fährst du?
3. Wie viel Uhr ist es?
4. Wann hast du Geburtstag?
5. Woher kommst du?/Wo kommst du her?
6. Wo wohnst du?
7. Wie alt bist du?
8. Was liest du gern?

14. L'énoncé injonctif, page 27

❶ **1.** W – **2.** W/I – **3.** W/I – **4.** W/I – **5.** W – **6.** W – **7.** W – **8.** W – **9.** W/I – **10.** W/I.

❷ **1.** Macht die Straße nicht schmutzig!
2. Trink kein Bier! Das macht dick!
3. Fahr nicht so schnell! Du kriegst einen Unfall!
4. Fragen Sie dort die Verkäuferin!
5. Geh jetzt schlafen! Du bist ja müde!
6. Esst Obst und Gemüse! Das ist sehr gesund!
7. Lauf schnell zur Bäckerei! Sie ist bald zu!
8. Ruf den Arzt an! Du hast sicher Fieber!

❸ **1.** Hör zu!
2. Komm auf den Hof mit!
3. Sprich lauter!

4. Zeig mir dein Heft!
5. Mach das Fenster zu!

a. lui montrer ton cahier
b. parler plus fort
c. l'accompagner dans la cour
d. fermer la fenêtre
e. écouter

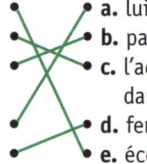
© Cahier du Jour/Cahier du Soir – Allemand 6ᵉ

15. La subordonnée (DASS, WEIL, OB), page 28

1

1. Kannst du mir sagen,
2. Ich denke,
3. Ich lade sie ein,

- a. dass sie keine Suppe mag.
- b. ob wir noch Butter haben?
- c. weil sie sehr lustig ist.
- d. dass sie sehr gut kocht.
- e. ob sie angekommen ist?
- f. weil wir gute Freundinnen sind.

2 1. ob – 2. dass – 3. dass – 4. weil – 5. dass – 6. ob – 7. dass – 8. dass.

3 1. Frag sie, ob sie gern liest.
ob sie Klavier spielen kann.
2. Ich glaube, dass sie Fieber hat.
dass sie Ruhe braucht.
3. Er ist sehr froh, weil er ein neues Auto hat.
weil das Wetter herrlich ist.

16. Le nominatif, page 29

1

Article défini		Pronom personnel
das	ein Kind	es
die	eine Mutter	sie
der	ein Vater	er
die	Großeltern	sie
die	meine Schwester	sie
der	mein Onkel	er

2 1. Sind deine Nachbarn nette Leute?
2. Ist er ein strenger Lehrer?
3. Er ist immer der Letzte in der Schule.
4. Wie heißt dieses Wort auf Französisch?
5. Unsere Sommerferien dauern sechs Wochen. Und deine Ferien?
6. Thomas und Michael sind keine lustigen Jungen.
7. Das ist eine sehr moderne Küche.
8. Es ist kein großes Problem!
9. Dieser Käse schmeckt mir nicht.
10. Was kostet der blaue Mantel dort?

3 1. Mein Bruder und ich bleiben heute zu Hause.
2. Es ist im Wohnzimmer.
3. Ich bin der Deutschlehrer./Ich bin die Deutschlehrerin.
4. Die Kinder kommen auch mit.
5. Ja, das ist mein Pulli.
6. Er spielt Fußball.

17. Le complément à l'accusatif, page 30

1 eine Schultasche – ein Federmäppchen – ~~einem Lineal~~ – ~~ein Kugelschreiber~~ – Bleistifte – ein Radiergummi – das Mathebuch – ~~dem Deutschheft~~ – meine Musikmappe – eine Flasche Apfelsaft – ~~ein Toaster~~ – einen elektrischen Herd – ~~einer Jacke~~ – ein T-Shirt – eine Krawatte – grüne Socken – ~~ein schwarzer Hut~~ – ~~ein Film~~ – eine CD – Batterien.

2 1. das Handy – 2. die Flasche Parfüm – 3. den roten Rock – 4. das dicke Plüschtier – 5. den Fernseher – 6. die Mikrowelle.

3 1. dein, deinen – 2. Eine, einen – 3. deinen, deine – 4. die, das – 5. die, das.

18. Le complément au datif, page 31

1

Nominatif	die Bäckerei	das Kaufhaus	der Laden	die Nachbarn	die Großeltern
Ich warte ... Datif	in der Bäckerei	in dem Kaufhaus	in dem Laden	bei den Nachbarn	bei den Großeltern

2 2. einer Handtasche – 3. langen Ferien – 7. einem Boot – 8. neuen Schuhen – 9. einem Haus am Meer – 11. einem neuen Rucksack – 12. einem schwarzen Kleid.

3 1. a. dem, b. der, c. dem – 2. a. einem, b. dem, c. der – 3. a. meinem, b. meinem, c. der – 4. a. den, b. deiner, c. deinem – 5. a. den, b. der, c. meiner – 6. a. der, b. der, c. dem – 7. a. meiner, b. dem, c. meinem – 8. a. dem, b. der, c. der

19. Le déterminatif du type DER, page 32

1

	Nominatif		Accusatif		Datif	
	Singulier	Pluriel	Singulier	Pluriel	Singulier	Pluriel
1. **Der** Kaffee ist warm.	X					
2. Gib mir bitte **den** Honig!			X			
3. **Die** Brötchen sind da!		X				
4. Hol mir bitte **die** Butter!			X			
5. In **dem** Kühlschrank ist auch Salami.					X	

2 1. den – 2. das – 3. diese – 4. den – 5. die – 6. den.

3

	Das ist ...	Ich zeige dir ...	Papa ist wie immer in ...
Masculin	der Eingang	den Eingang	dem Eingang
Féminin	die Küche	die Küche	der Küche
Neutre	das Wohnzimmer	das Wohnzimmer	dem Wohnzimmer
Neutre	das Bad	das Bad	dem Bad

20. Le déterminatif du type EIN, page 33

1 1. ein – 2. ein – 3. einem – 4. eine – 5. ein – 6. einem.

2 1. die Bäckerei – 2. das Lebensmittelgeschäft – 3. die Metzgerei – 4. den Blumenladen – 5. die Buchhandlung – 6. das Schuhgeschäft.

3 1. ein – 2. ein – 3. einem – 4. ein – 5. ein – 6. keinen – 7. Meine – 8. eine, ein.

21. Les marques de l'adjectif épithète, page 34

1

G.N. avec déterminatif portant une marque	G.N. avec marque seule sur l'adjectif
eine kalte Vorspeise	ein gutes Essen
eine süße Orange	warme Würstchen
die moderne Küche	kein gutes Lokal
die leckeren Torten	ein frisches Bier

2

Nom.	der rote Pulli	die schwarze Bluse	das gelbe T-Shirt	die neuen Kleider
Acc.	den roten Pulli	die schwarze Bluse	das gelbe T-Shirt	die neuen Kleider
Dat.	dem roten Pulli	der schwarzen Bluse	dem gelben T-Shirt	den neuen Kleidern

Nom.	ein roter Pulli	ein gelbes T-Shirt
Acc.	einen roten Pulli	ein gelbes T-Shirt
Dat.	einem roten Pulli	einem gelben T-Shirt

© Cahier du Jour/Cahier du Soir – Allemand 6ᵉ

Corrigés détachables

3 1. heiße – 2. schmutzigen – 3. kleinen – 4. netten – 5. warme –
6. ganzen – 7. andere – 8. großen.

22. Le pronom personnel, page 35

1

	Nominatif	Accusatif	Datif
1. Hast du **es** bekommen?		X	
2. Was möchten **Sie**?	X		
3. Das ist **mir** egal!			X
4. Wie geht's **Ihnen**?			X
5. **Ich** bin dran!	X		
6. Wo wohnt **ihr**?	X		
7. Hier bin **ich**!	X		
8. Ist **dir** kalt?			X
9. Das ist **mir** zu teuer.			X

2 1. dir – 2. du – 3. sie – 4. dir – 5. Ihnen – 6. dir oder mir.

3 1. Zeig sie mir bitte!
2. Du kennst ihn schon?
3. Ist er für mich?
4. Kaufst du es?
5. Holst du sie ab?
6. Wie findest du ihn?

23. Le pronom réfléchi, page 36

1 1. Nimm dir Zeit!
2. Beeile dich!
3. Wasch dir bitte die Hände!
4. Hol dir ein Getränk!

  a. aller te chercher une boisson
  b. te dépêcher
  c. te laver les mains
  d. prendre ton temps

2 Ich kaufe mir einen neuen Fernseher.
Du kaufst dir einen neuen Fernseher.
Er kauft sich einen neuen Fernseher.
Wir kaufen uns einen neuen Fernseher.
Ihr kauft euch einen neuen Fernseher.
Sie kaufen sich einen neuen Fernseher.

Ich interessiere mich für Fußball.
Du interessierst dich für Fußball.
Er interessiert sich für Fußball.
Wir interessieren uns für Fußball.
Ihr interessiert euch für Fußball.
Sie interessieren sich für Fußball.

3 1. mich – 2. dich – 3. uns – 4. mir – 5. sich – 6. dir.

24. L'adjectif possessif, page 37

1

Sein Deutschheft – ihr Englischbuch – ihr Federmäppchen –
seine Bleistifte – sein Radiergummi – ihre Kunstmappe –
ihre Schultasche – sein Rucksack

2

	das Hemd	der Pulli	die Hose	die Sachen	das T-Shirt
Walter sucht (acc.)	sein Hemd	seinen Pulli	seine Hose	seine Sachen	sein T-Shirt
Ida sucht (acc.)	ihr Hemd	ihren Pulli	ihre Hose	ihre Sachen	ihr T-Shirt
Walter und Ida suchen (acc.)	ihre Hemden	ihre Pullis	ihre Hosen	ihre Sachen	ihre T-Shirts

3 1. Was macht dein Vater? – 2. Arbeitet deine Mutter? –
3. Magst du unser Haus? – 4. Kennst du unseren Hund?

25. Le groupe prépositionnel à l'accusatif, page 38

1 1. Setz dich neben mich!
2. Komm schnell ins Auto!
3. Stell bitte die Flasche auf den Tisch!
4. Leg dich auf dein Bett!
5. Nimm etwas für die Reise mit!
6. Fahr nicht ohne Stadtplan!

  a. Assieds-toi à côté de moi !
  b. Va t'allonger sur ton lit !
  c. Ne pars pas sans un plan de la ville !
  d. Monte vite dans la voiture !
  e. Pose la bouteille sur la table !
  f. Emporte quelque chose pour ton voyage !

2 1. für dich – 2. ins Auto – 3. für die Schule – 4. durchs Fenster –
5. ohne Mantel – 6. gegen meine Allergie.

3 1. ohne – 2. für – 3. für – 4. auf – 5. ohne.

26. Le groupe prépositionnel au datif, page 39

1 bei – aus – mit – nach – zu – seit – von

2 2. – 4. – 5. – 6.

3 1. Es ist von meinen Großeltern.
2. Sie ist noch in der Schule.
3. Wir gehen mit dem Deutschlehrer ins Museum.
4. Es ist auf meinem Schreibtisch.
5. Wir haben nach der Pause Sport.

27. L'opposition locatif-directif, page 40

1 1. Nächsten Sommer fahren wir nach Italien.
2. Heute essen wir bei den Großeltern.
3. Bleibst du lange bei deinem Freund?
4. Ist deine Mutter oft zu Hause?
5. Bist du schon nach Südfrankreich geflogen?
6. Ich habe sehr lange beim Friseur gewartet.
7. Meine Brieffreundin wohnt in Berlin.
8. Wann kommst du zu uns?

• locatif
• directif

2 1. ins Theater gehen – 2. zu Eva fahren/gehen – 3. nach Spanien
fahren/fliegen – 4. in der Schule bleiben/warten – 5. in einer Großstadt
wohnen/bleiben – 6. beim Friseur warten/bleiben.

3

Wie komme ich bitte ...						Bist du noch ...					
ins	in	zu	nach	zum		in der	im	zu	bei	beim	
	X				deinen Eltern?	X					Kneipe?
		X			Hietzing?			X			Hause?
	X				die Schule?	X					Garage?
			X		Bahnhof?				X		Direktor?
X				X	Hotel?		X				Bad?
		X			Hause?				X		den Kindern?

28. Le groupe adverbial, page 41

1

adverbes	heute	morgen	nachher	gestern	über-morgen	vorher	jetzt	vorges-tern
passé			X			X		X
présent	X						X	
futur		X	X		X			

2 1. Nie wieder! – 2. Bis bald! – 3. Bis morgen! – 4. Immer dasselbe! –
5. Heute Vormittag – 6. Morgen Nachmittag – 7. Gestern Abend –
8. Bis gleich!

Corrigés détachables

VI

3 1. Sie ist immer pünktlich.
2. Gehst du oft ins Konzert?
3. Ich esse nachher.
4. Das habe ich noch nie gehört!
5. Wir wohnten vorher auf dem Land.
6. Ich bin gleich wieder da.

29. Le groupe verbal, page 42

1

1. ein Foto machen	Er	macht ein Foto.
2. kalt sein	Es	ist kalt.
3. in die Schule gehen	Ich	gehe in die Schule.
4. zu Hause bleiben	Wir	bleiben zu Hause.
5. schnell fahren	Ich	fahre schnell.
6. früh aufstehen	Ich	stehe früh auf.
7. Golf spielen	Er	spielt Golf.
8. nett sein	Du	bist nett.
9. schwimmen können	Er	kann schwimmen.

2 1. mit Freunden Fußball spielen – 2. jeden Tag in der Kantine essen – 3. am Nachmittag mitkommen – 4. nächste Woche auf Ursulas Party gehen – 5. seine Hausaufgaben fertig machen – 6. mit dem Hund spazieren gehen – 7. ein Motorrad kaufen wollen – 8. sein Portemonnaie verloren haben.

3 1. ins Kino gehen – 2. die Zeitung lesen – 3. Musik hören – 4. den Zug nehmen – 5. zu Hause bleiben – 6. Deutsch sprechen – 7. auf dem Land wohnen – 8. Fieber haben.

30. La négation globale, page 43

1

kein	keine	keinen	nicht	
X				1. Fieber haben
	X			2. einen Computer haben
			X	3. sehr teuer sein
			X	4. groß sein
			X	5. einkaufen gehen
	X			6. eine Schwester haben
			X	7. in Berlin wohnen
			X	8. viel arbeiten

2 1. Er erzählt, dass er keine Freunde hat.
2. Er erzählt, dass er nicht reich ist.
3. Er erzählt, dass er keinen Hund hat.
4. Er erzählt, dass er nicht lange schläft.
5. Er erzählt, dass er nicht mitkommt.
6. Er erzählt, dass er keine Angst hat.
7. Er erzählt, dass er kein Glück hat.

3 1. Nein, ich jogge nicht.
2. Nein, ich möchte keine Milch.
3. Nein, ich bin nicht müde.
4. Nein, ich habe kein Motorrad.
5. Nein, ich kann nicht reiten.
6. Nein, ich bin nicht traurig.
7. Nein, ich bin kein guter Skifahrer.
8. Nein, ich habe keinen Durst.

31. Les formes du verbe, page 44

1 1. mit/kommen – 2. zu/machen – 3. besuchen – 4. Ski fahren – 5. auf/stehen – 6. beginnen – 7. an/ziehen – 8. verlieren.

2 1. Ich verstehe – 2. Ich fange an – 3. Ich komme zurück – 4. Ich erzähle – 5. Wir ziehen um – 6. Wir wachen auf – 7. Wir kommen an – 8. Wir schlafen ein.

3 1. Sie erzählt, dass sie Tennis spielt.
2. Sie erzählt, dass sie manchmal fernsieht.
3. Sie erzählt, dass sie ihre Freundin oft anruft.
4. Sie erzählt, dass sie ihre Großeltern gern besucht.
5. Sie erzählt, dass sie sich morgen verkleidet.
6. Sie erzählt, dass sie ihre Schlüssel oft verliert.
7. Sie erzählt, dass sie nächsten Samstag ausgeht.

32. Le présent de l'indicatif, page 45

1

infinitif	radical	ich	du	er/sie/es	wir	ihr	sie/Sie
fragen	frag-	frage	fragst	fragt	fragen	fragt	fragen
kaufen	kauf-	kaufe	kaufst	kauft	kaufen	kauft	kaufen
heißen	heiß-	heiße	heißt	heißt	heißen	heißt	heißen
finden	find-	finde	findest	findet	finden	findet	finden
hören	hör-	höre	hörst	hört	hören	hört	hören
antworten	antwort-	antworte	antwortest	antwortet	antworten	antwortet	antworten

2 1. Er/sie/es/ihr – 2. du – 3. Ich – 4. du – 5. Wir/Sie – 6. Wir/Sie – 7. er/sie/ihr – 8. du, du – 9. du/ihr/er/sie/es.

3 1. Am Mittwoch gehen wir ins Kino.
2. Nein, ich suche ein Zimmer.
3. Nein, er bleibt zu Hause.
4. Ich jogge jeden Tag.

33. Le présent des verbes forts en -A et en -E, page 46

1

infinitif	du	er	ihr
lassen	lässt	lässt	lasst
fallen	fällst	fällt	fallt
schlafen	schläfst	schläft	schlaft
tragen	trägst	trägt	tragt
waschen	wäschst	wäscht	wascht
geben	gibst	gibt	gebt
sehen	siehst	sieht	seht
essen	isst	isst	esst
helfen	hilfst	hilft	helft
lesen	liest	liest	lest
treffen	triffst	trifft	trefft
sprechen	sprichst	spricht	sprecht

2 1. ihr – 2. du – 3. er/sie/es/du – 4. er/sie/es – 5. ihr – 6. ihr – 7. er/sie/es – 8. ihr – 9. ihr – 10. wir/sie/Sie.

3 1. Er trägt eine Brille.
2. Er schläft lange.
3. Er spricht sehr schnell.
4. Jeden Abend sieht er fern.
5. Er liest gern Comics.

© Cahier du Jour/Cahier du Soir – Allemand 6e

34. Le présent des auxiliaires et des verbes de modalité, page 47

①

	\multicolumn{6}{c}{Présent de l'indicatif}					
	ich	du	er/sie/es	wir	ihr	sie/Sie
muss	X		X			
seid					X	
wollt					X	
kannst		X				
dürfen				X		X
müsst					X	
habt					X	
mögt					X	
weiß	X		X			

② **1.** mag – **2.** Möchtest – **3.** Kannst – **4.** hat – **5.** ist – **6.** dürfen.

③ **1.** Magst du Käse?
2. Bist du krank?
3. Kannst du Klavier spielen?

35. Le prétérit, page 48

①

	Présent	Prétérit
1. Ich arbeite sechs Stunden ohne Pause.	X	
2. Sie hatte viel Glück.		X
3. Sie erzählte oft dumme Geschichten.		X
4. Ihr seid ein bisschen faul!	X	
5. Er hat heute keine Zeit.	X	
6. Wir freuten uns auf Weihnachten!		X
7. Sie hatten eine große Familie.		X
8. Es waren schöne Tage!		X

② **1.** ~~Ich~~ / ~~Sie~~ / Ihr   lerntet   **6.** Wir / ~~Ihr~~ / Sie   waren
2. Er / ~~Sie~~ / Ihr   wart   **7.** ~~Ich~~ / Wir / Sie   spielten
3. ~~Ich~~ / ~~Du~~ / Er   hatte   **8.** Wir / ~~Ihr~~ / Sie   hatten
4. ~~Ich~~ /~~Du~~ / Ihr   besuchtet   **9.** Ich / Sie / Er   war
5. Ich / Sie / Er   wohnte   **10.** Du / ~~Er~~ / ~~Sie~~   machtest

③ **1.** Wo warst du denn?
2. Was hattest du?
3. Wo wohntet ihr?
4. War es sehr weit?
5. Waren sie gute Freunde?
6. Hatte er eine Wohnung oder ein Haus?

36. Le parfait des verbes faibles, page 49

① **1.** gezahlt – **2.** geträumt – **3.** geglaubt – **4.** gesucht – **5.** geklebt – **6.** geschafft – **7.** reagiert – **8.** gelebt – **9.** gekocht – **10.** gewartet – **11.** repariert – **12.** gerechnet.

② Mama hat geklopft.
Ich habe nichts gehört.
Sie hat gesagt : „Guten Morgen! Aufstehen!"
Dann hat sie das Frühstück gemacht.
Papa hat frisches Brot geholt.
Ich habe geduscht.
Wir haben zusammen gefrühstückt.
Es hat gut geschmeckt!

③ Gestern habe ich meinen Geburtstag gefeiert. Mama hat eine große Torte für mich gemacht und sie hat mir ein Handy gekauft. Iris hat alles fotografiert. Meine französische Freundin hat mit mir telefoniert und

natürlich gratuliert. Wir haben alle getanzt und wir haben viel gelacht. Alexander hat mich kaum gegrüßt. Er hat fast kein Wort gesagt. Ich habe ihn auch nicht gefragt. Vielleicht hat er Sorgen gehabt.

37. Le parfait des verbes forts, page 50

①

Parti-cipe II	(getra-gen)	gehabt	(gerufen)	(genom-men)	gewar-tet	(gewor-fen)	(geflo-gen)	(ge-schrieen)	(gehol-fen)
Infinitif	tragen	verbe faible	rufen	nehmen	faible verbe	werfen	fliegen	schreien	helfen

②

```
                    b.
                    G
                    E
          a.        F
          G    1.G E T R A G E N        c.
          K         L                   G
          O         L                   E
          M    2.G E L A S S E N        R
          M         N                   U
          E                             F
     3.G E S U N G E N                  N
```

③ **1.** Zu Weihnachten sind wir nach Rothenburg gefahren.
2. Wir haben ein kleines Hotel gefunden.
3. Die Leute sind sehr gastfreundlich gewesen.
4. Ich habe die Stadt gesehen und ich bin sehr lange auf dem Weihnachtsmarkt geblieben.
5. Wir haben Glühwein getrunken, Weihnachtsplätzchen gegessen und ich habe mit einer Verkäuferin Deutsch gesprochen.
6. Wir sind sehr viel gelaufen. Ich habe dann sehr gut geschlafen.
7. Ich habe dir eine Karte geschrieben.
8. Hast du sie schon gelesen?

38. Les verbes à préverbe au parfait, page 51

① (eingeladen) – verloren – (mitgespielt) – gefallen – erzählt – (angeru-fen) – begonnen – versteckt – verkauft – bemerkt – (ferngesehen) – ver-gessen – (eingekauft) – (angezogen) – (zurückgerufen).

②

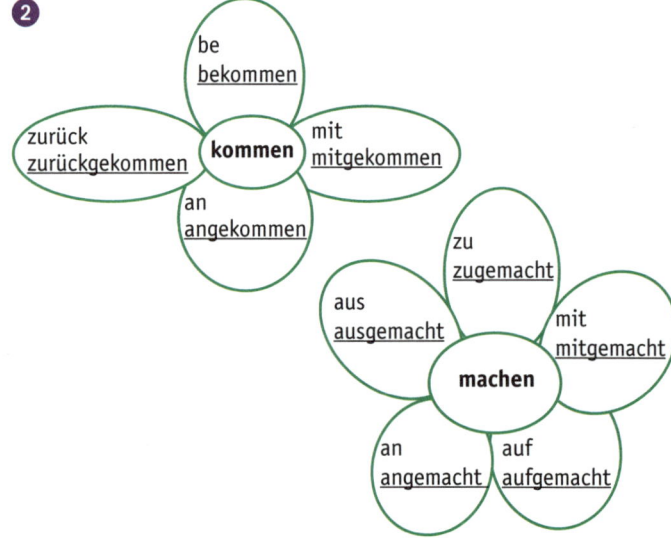

③ **1.** Um wie viel Uhr bist du aufgestanden?
2. Wann bist du weggefahren?
3. Wann hat die Schule begonnen?
4. Hast du oft ferngesehen?
5. Was hast du für die Pause mitgenommen?
6. Hast du deine Freunde am Nachmittag besucht?
7. Was hast du im Supermarkt eingekauft?

© Cahier du Jour/Cahier du Soir – *Allemand 6ᵉ*

J'observe et je retiens

Max se renseigne sur le programme de télévision.
Max: Wie ist da**s** Programm von heute Abend?
Günther: Es ist **ein** gut**es** Programm. Zuerst kommt **ein** Film mit Romy Schneider. Es ist ja **ein** alte**r** Film! Dann kommt ein**e** neu**e** Serie für Jugendliche. Schau mal hin! Si**e** gefällt dir sicher!

■ En allemand, il existe **quatre cas** pour le groupe nominal. Chacun de ces cas a une fonction particulière. Le 1er cas est le **nominatif : cas du sujet (ou attribut du sujet).**

	Masculin	Féminin	Neutre	Pluriel
Article défini	de**r** Hund	di**e** Katze	da**s** Pferd	di**e** Tiere
Article indéfini	ein Hund	ein**e** Katze	ein Pferd	ø Tiere
Adjectif possessif	mein Hund	mein**e** Katze	mein Pferd	mein**e** Tiere
Pronom personnel	e**r**	si**e**	e**s**	si**e**

Remarque ▶ Ces marques ne sont pas toujours visibles. Elles peuvent être portées par le **déterminatif** ou s'il ne porte pas de marque, par l'**adjectif épithète.**

J'applique

1 **Pour chaque exemple au nominatif, complète le tableau en donnant l'article défini et le pronom personnel qui s'y rapporte.**

Article défini		Pronom personnel
das	ein Kind	*es*
die	eine Mutter	*sie*
der	ein Vater	*er*
die	Großeltern	*sie*
die	meine Schwester	*sie*
der	mein Onkel	*er*

2 **Entoure dans chaque énoncé les marques du nominatif (soit sur le déterminatif soit sur l'adjectif). Utilise quatre couleurs : masculin en bleu, féminin en rouge, neutre en vert, pluriel en noir.**

1. Sind deine Nachbarn nette Leute? *P*
2. Ist er ein strenger Lehrer? *M*
3. Er ist immer der Letzte in der Schule. *M*
4. Wie heißt dieses Wort auf Französisch? *P*
5. Unsere Sommerferien dauern sechs Wochen. Und deine Ferien? *F*
6. Thomas und Michael sind keine lustigen Jungen. *P*
7. Das ist eine sehr moderne Küche. *N*
8. Es ist kein großes Problem! *N*
9. Dieser Käse schmeckt mir nicht. *F*
10. Was kostet der blaue Mantel dort? *M*

Je m'entraîne

3 **Réponds aux questions en utilisant les indications données.**

1. Wer bleibt heute zu Hause? (*mon frère et moi*) _____
2. Wo ist mein Buch? (*im Wohnzimmer*) _____
3. Wer sind Sie? (*le professeur d'allemand*) Ich _____
4. Wer kommt auch mit? (*les enfants*) _____
5. Ist das dein Pulli? Ja, _____
6. Was macht Philipp in seiner Freizeit? (*il joue au foot*) _____

Le complément à l'accusatif

Ursula se pose des questions.

Wo ist der Fotoapparat? Ich suche de**n** Fotoapparat, aber ich finde ih**n** nicht. Wo habe ich denn m**ein** Portemonnaie? Ach ja, ich habe es sicher im Auto. Ich habe es in die Stadt mitgenommen. We**n** soll ich denn anrufen? Vielleicht meine französische Freundin? Ich habe ja ein Geschenk für si**e**.

■ **L'accusatif**
– C'est le cas du **complément d'objet direct.**
– C'est le cas exigé par **certaines prépositions** comme *durch, für, gegen, ohne, um.*
– C'est le cas utilisé pour le **directif** (déplacement).

	Masculin	**Féminin**	**Neutre**	**Pluriel**
Article défini	de**n** Pulli	di**e** Jacke	da**s** Hemd	di**e** Schuhe
Article indéfini	eine**n** Pulli	ein**e** Jacke	ein Hemd	Schuhe
Adjectif possessif	meine**n** Pulli	mein**e** Jacke	mein Hemd	mein**e** Schuhe
Pronom personnel	ih**n**	si**e**	e**s**	si**e**

Remarque ▶ *Ein, kein* et l'adjectif possessif ne prennent pas de marque à l'accusatif neutre. Elle est reportée sur l'adjectif.

J'applique

1 **Barre tous les exemples qui ne sont pas à l'accusatif.**

Ich gehe ins Kaufhaus. Was brauche ich?

eine Schultasche – ein Federmäppchen – einem Lineal – ein Kugelschreiber – Bleistifte – ein Radiergummi – das Mathebuch – dem Deutschheft – meine Musikmappe – eine Flasche Apfelsaft – ein Toaster – einen elektrischen Herd – einer Jacke – ein T-Shirt – eine Krawatte – grüne Socken – ein schwarzer Hut – ein Film – eine CD – Batterien.

2 **Indique ce que chacun reçoit à Noël. Complète par des articles définis.**

Was bekommt jeder zu Weihnachten? Für …	Nominatif	Accusatif Er/sie bekommt …
1. Papa	ein Handy	d_____ Handy
2. Mama	eine Flasche Parfüm	d_____ Flasche Parfüm
3. meine Schwester	ein Rock	d_____ roten Rock
4. meinen Bruder	ein Plüschtier	d_____ dicke Plüschtier
5. Opa	ein Fernseher	d_____ Fernseher
6. Oma	eine Mikrowelle	d_____ Mikrowelle

Je m'entraîne

3 **Complète chaque déterminatif si nécessaire !**

1. Was ziehst du heute an? Dein_____ rotes Kleid oder dein_____ schwarzen Rock?

2. Was kaufst du für deine Mama? Ein_____ neue Handtasche oder vielleicht ein_____ schönen Pulli?

3. Ist das Geschenk hier für dein_____ Bruder oder für dein_____ Schwester?

4. Wer holt bitte d_____ Tageszeitung und d_____ frische Brot?

5. Gehst du zuerst in d_____ Apotheke oder in d_____ Modegeschäft?

18 Le complément au datif

J'observe et je retiens

Isabella: Mit we**m** telefonierst du die ganze Zeit?

Claudia: Rate mal!

Isabella: Mit eine**m** Freund oder mit einer Schulfreundin? Oder mit de**m** Au-pair-Mädchen? Vielleicht mit unsere**n** Großeltern? Oder mit deine**n** Kinder**n**?

■ Le **datif**

– Il indique la **personne à qui l'on donne/dit quelque chose (complément d'objet second).**

– On le met **toujours après les prépositions** *aus, bei, mit, nach, seit, von* et *zu.*

– Il exprime le **locatif** (lieu où se trouve une personne ou une chose).

	Masculin	Féminin	Neutre	Pluriel
Article défini	de**m** Wagen	de**r** Wohnung	de**m** Haus	de**n** Häuser**n**
Article indéfini	eine**m** Wagen	eine**r** Wohnung	eine**m** Haus	Häuser**n**
Adjectif possessif	meine**m** Wagen	meine**r** Wohnung	meine**m** Haus	meine**n** Häuser**n**
Pronom personnel	ih**m**	ih**r**	ih**m**	ihne**n**

J'applique

1 Complète le tableau avec des marques de datif.

Nominatif	die Bäckerei	das Kaufhaus	der Laden	die Nachbarn	die Großeltern
Ich warte ...	in	in	in	bei	bei
Datif	d____ Bäckerei	d____ Kaufhaus	d____ Laden	d____ Nachbarn	d____ Großeltern

2 Entoure les groupes nominaux au datif.

Beate träumt von ...

1. ein Klavier
2. einer Handtasche
3. langen Ferien
4. ein Konzert
5. ein netter Mann
6. der Computer
7. einem Boot
8. neuen Schuhen
9. einem Haus am Meer
10. ein Motorrad
11. einem neuen Rucksack
12. einem schwarzen Kleid

Je m'entraîne

3 Donne trois réponses différentes en ajoutant les marques de datif. Aide-toi du lexique pour vérifier le genre des mots.

1. Wem gehört das Paket?   **a.** d____ Briefträger   **b.** d____ Nachbarin   **c.** d____ Schüler

2. Wo wohnst du?   **a.** in ein____ Haus   **b.** auf d____ Land   **c.** in d____ Stadt

3. Wo sind deine Autoschlüssel?   **a.** in mein____ Wagen   **b.** in mein____ Schlafzimmer   **c.** in d____ Küche

4. Von wem ist der Brief?   **a.** von d____ Großeltern   **b.** von dein____ Tante   **c.** von dein____ Brieffreund

5. Wem zeigst du deine Fotos?   **a.** d____ Cousins   **b.** d____ Lehrerin   **c.** mein____ besten Freundin

6. Wo essen wir heute?   **a.** auf d____ Terrasse   **b.** in d____ Küche   **c.** auf d____ Rasen

7. Wo finde ich mein Portemonnaie?   **a.** in mein____ Handtasche   **b.** auf d____ Schreibtisch   **c.** in mein____ Mantel

8. Wie fährst du zur Schule?   **a.** mit d____ Bus   **b.** mit d____ Straßenbahn   **c.** mit d____ U-Bahn

Le déterminatif du type DER

J'observe et je retiens

Hélène loge chez l'habitant. Elle écoute les explications pour son petit déjeuner du lendemain.
Die Gastgeberin: "Das Frühstück ist zwischen sieben und zehn. Sie finden das Geschirr in dies**em** Schrank. Hier ist da**s** Brot.
Ich zeige Ihnen auch d**en** Toaster und die Kaffeemaschine. D**ie** Butter ist natürlich i**m** Kühlschrank.„

■ Les déterminatifs du type *der* portent toujours une **marque** de **genre** et de **cas**.

■ Cinq marques sont possibles : *-er, -en, -em, -(e)s, -e*. C'est au **marquage du groupe nominal** (du déterminatif/de l'adjectif) – et non à sa position dans la phrase – que l'on reconnaît sa **fonction** sujet ou objet.

	Masculin	Féminin	Neutre	Pluriel
Nominatif	d**er** Pulli	d**ie** Hose	d**as** Hemd	d**ie** Kleider
Accusatif	d**en** Pulli	d**ie** Hose	d**as** Hemd	d**ie** Kleider
Datif	d**em** Pulli	d**er** Hose	d**em** Hemd	d**en** Kleider**n**

Remarques ▶ – Les déterminatifs *dieser* (ce/cette) et *jeder* (chaque) ont les mêmes marques que *der, die, das*.
– Avec certaines prépositions, la préposition et le déterminatif se retrouvent contractés en un seul mot, mais la marque demeure :
in dem ..... im / in das ..... ins.

J'applique

1 À quels cas sont les déterminatifs marqués en gras ? Coche dans le tableau.

	Nominatif		Accusatif		Datif	
	Singulier	Pluriel	Singulier	Pluriel	Singulier	Pluriel
1. **Der** Kaffee ist warm.						
2. Gib mir bitte **den** Honig!						
3. **Die** Brötchen sind da!						
4. Hol mir bitte **die** Butter!						
5. In **dem** Kühlschrank ist auch Salami.						

2 Donne l'accusatif de chaque déterminatif.

1. Der Film ist blöd.   d_____ Film blöd.
2. Das Buch ist interessant   Ich   d_____ Buch interessant.
3. Diese Dame ist hübsch.   finde ...   dies_____ Dame hübsch.
4. Der Rock ist zu kurz.   d_____ Rock zu kurz.
5. Die Orangen sind süß.   d_____ Orangen süß.
6. Der Mantel ist teuer.   d_____ Mantel teuer.

Je m'entraîne

3 Complète par les marques du déterminatif *der, die, das* aux trois cas.

	Das ist ...	Ich zeige dir ...	Papa ist wie immer in ...
Masculin	d___ Eingang	d___ Eingang	d___ Eingang
Féminin	d___ Küche	d___ Küche	d___ Küche
Neutre	d___ Wohnzimmer	d___ Wohnzimmer	d___ Wohnzimmer
Neutre	d___ Bad	d___ Bad	d___ Bad

J'observe et je retiens

In der Schule:

Alexander: Hast du ein**en** Bleistift?

Nils: Ja, hier! Ich habe aber **keinen** Radiergummi. Darf ich **deinen** Radiergummi haben?

Alexander: Ja, schau mal hier! **Mein** Radiergummi ist vielleicht in mein**em** Federmäppchen.

Nils: Du, hast du vielleicht **Filzstifte?**

Alexander: Nein. Frag die Nadine! Die hat doch immer alles!

■ Sur le déterminatif du type *ein*, la **marque n'est pas toujours visible,** comme sur le déterminatif du type *der*. Lorsqu'elle n'apparaît pas, la marque est **reportée sur l'adjectif épithète.**

■ *Ein ne porte pas de marque au nominatif - masculin et neutre - et à l'accusatif neutre.*

Dans tous les autres cas du singulier, *ein* se comporte comme *der*.

■ Au **pluriel,** il **n'y a pas de déterminatif.**

■ Les adjectifs possessifs *mein* et *kein* portent les mêmes marques que *ein*.

	Masculin	Féminin	Neutre	Pluriel
Nominatif	ein Pulli	eine Hose	ein Hemd	Ø Kleider
Accusatif	ein**en** Pulli	ein**e** Hose	ein Hemd	Kleider
Datif	ein**em** Pulli	ein**er** Hose	ein**em** Hemd	Kleider**n**

J'applique

1 Remplace l'article défini par l'article indéfini.

1. der/ _____ Weihnachtsbaum

2. das/ _____ Weihnachtslied

3. auf dem/auf _____ Sessel

4. die/ _____ Kerze

5. das/ _____ Geschenk

6. mit dem/mit _____ Weihnachtsmann

2 Pose la même question en utilisant l'accusatif. Tu peux vérifier le genre des mots dans le lexique.

Wo ist bitte ...   Wo finde ich bitte ...

1. eine Bäckerei?   d _____ ?

2. ein Lebensmittelgeschäft?   d _____ ?

3. eine Metzgerei?   d _____ ?

4. ein Blumenladen?   d _____ ?

5. eine Buchhandlung?   d _____ ?

6. ein Schuhgeschäft?   d _____ ?

Je m'entraîne

3 Complète si nécessaire.

1. Gib mit bitte ein_____ Stück Schokolade!

2. Dein Pullover hat ein_____ Loch.

3. Er wohnt in ein_____ Dorf.

4. Hast du ein_____ Handy? Ich möchte telefonieren.

5. War das ein_____ Tier oder nur der Wind?

6. Ich finde kein_____ Parkplatz! Das ist wirklich Pech!

7. Mein_____ Eltern kommen auch auf das Fest mit!

8. Suchst du ein_____ Wohnung oder ein_____ Haus?

21 Les marques de l'adjectif épithète

J'observe et je retiens

Das *rote* Fahrrad gehört mir.

marque sur le déterminatif
(nominatif neutre)

Hast du *ein rotes* Fahrrad?

absence de marque marque sur
sur le déterminatif l'adjectif (acc. neutre)

■ L'**adjectif épithète** est toujours placé **devant le nom qu'il détermine** et **ne reste jamais invariable.** On distingue 2 types de groupes nominaux :
– un **groupe nominal du type *der/einen*** avec un déterminatif portant une marque visible ; l'adjectif épithète ne peut porter que *-e* ou *-en*.
– un **groupe nominal avec un déterminatif sans marque visible** ou sans déterminatif ; l'adjectif porte l'une des cinq marques : *-er, -en, -em, -(e)s, -e.*

	Type *der (eine/einen)*				Type *ein* (non marqué) / Adjectif seul			
	Masc.	**Fém.**	**Neutre**	**Pluriel**	**Masc.**	**Fém.**	**Neutre**	**Pluriel**
Nominatif	-e	-e	-e	-en	-er	-e	-es	-e
Accusatif	-en	-e	-e	-en	-en	-e	-es	-e
Datif	-en	-en	-en	-en	-em	-er	-em	-en

J'applique

1 Classe les groupes nominaux dans la colonne qui convient : *ein gutes Essen – warme Würstchen – eine kalte Vorspeise – kein gutes Lokal – eine süße Orange – die moderne Küche – die leckeren Torten – ein frisches Bier.*

Groupe nominal avec déterminatif portant une marque	Groupe nominal avec marque seule sur l'adjectif

2 Complète le tableau.

Nominatif	der rote Pulli	die schwarze Bluse	das gelbe T-Shirt	die neuen Kleider	ein roter Pulli	ein gelbes T-Shirt
Accusatif						
Datif						

Je m'entraîne

3 Ajoute *-e* ou *-en*!

1. Ich möchte bitte eine heiß_____ Schokolade.

2. Wohin bringe ich die schmutzig_____ Teller?

3. Ich brauche einen klein_____ Löffel.

4. Wir sind in einem nett_____ Restaurant. Findest du auch?

5. Ich habe diese warm_____ Vorspeise nicht bestellt.

6. Iss bitte deinen ganz_____ Teller auf!

7. Hol mir bitte eine ander_____ Flasche Apfelsaft!

8. Ich habe keinen groß_____ Hunger. Und du?

22 Le pronom personnel

J'observe et je retiens

Karin: Wie findest **du** meine neue Hose?

Mama: **Ich** finde **sie** ganz OK. **Sie** steht **dir** gut. Wo hast **du sie** denn gekauft?

Karin: Bei Steffl. Glaub **es mir! Ich** habe **sie** wirklich gebraucht. Die anderen waren abgetragen.

■ Le pronom personnel remplace un groupe nominal. Sa fonction dans l'énoncé (sujet/attribut/complément d'objet direct ou indirect...) détermine le cas.

■ *Er, sie, es* portent les mêmes marques que *der, die, das*.

Nominatif	ich	du	er	sie	es	wir	ihr	sie/Sie
Accusatif	mich	dich	ihn	sie	es	uns	euch	sie/Sie
Datif	mir	dir	ihm	ihr	ihm	uns	euch	ihnen/Ihnen

J'applique

1 Identifie le cas de chaque pronom personnel en gras et coche la bonne réponse dans le tableau.

	Nominatif	Accusatif	Datif
1. Hast du **es** bekommen?			
2. Was möchten **Sie**?			
3. Das ist **mir** egal!			
4. Wie geht's **Ihnen**?			
5. **Ich** bin dran!			
6. Wo wohnt **ihr**?			
7. Hier bin **ich**!			
8. Ist **dir** kalt?			
9. Das ist **mir** zu teuer.			

2 Entoure le pronom personnel qui convient.

1. Ich wünsche **dir** / **dich** / **sie** ein gutes neues Jahr!

2. Wann hast **du** / **dich** / **dir** Geburtstag?

3. Deine Großeltern wohnen in Berlin. Besuchst du **sie** / **ihnen** / **ihm** oft?

4. Wie schmeckt **dich** / **sie** / **dir** die Torte ? Es ist ja ein neues Rezept!

5. Soll ich **Sie** / **ihn** / **Ihnen** einen Tee machen?

6. Wem gehört der Radiergummi? **Dich oder mich** / **dir oder mir** / **du oder ich?**

Je m'entraîne

3 Comment dirais-tu en parlant ... :

1. de photos *(Fotos)*   → Montre-**les** moi ! *(zeigen)* _____

2. d'un ami *(der Freund)*   → Tu **le** connais déjà ! *(kennen)* _____

3. d'une lettre *(der Brief)*   → Est-**elle** pour moi ? _____

4. d'une robe *(das Kleid)*   → L'achètes-**tu** ? *(kaufen)* _____

5. de tes cousins *(Cousins)*   → Vas-tu **les** chercher ? *(ab/holen)* _____

6. du nouveau professeur   → Comment **le** trouves-**tu** ? *(finden)* _____

(der neue Lehrer)

23 Le pronom réfléchi

C'est le matin. Il faut partir !
Mama: Sandra, schnell! Wir fahren!
Sandra: Ja, gleich! Ich komme! Ich ziehe **mich** schnell an. Ich putze **mir** auch die Zähne.

■ Le pronom réfléchi (accusatif ou datif) a les mêmes formes que le pronom personnel sauf à la 3e personne du singulier et du pluriel (*sich*) et à la forme de politesse.

Attention ▶ Ce n'est pas parce qu'un verbe a une forme pronominale en français qu'il l'a automatiquement en allemand ! **Exemple :** Ich wache auf ➜ Je *me* réveille.

sich an/ziehen
(s'habiller)

ich ziehe **mich** an
du ziehst **dich** an
er/sie/es zieht **sich** an
wir ziehen **uns** an
ihr zieht **euch** an
sie/Sie ziehen **sich** an
↖ accusatif

sich die Zähne putzen
(se brosser les dents)

ich putze **mir** die Zähne
du putzt **dir** die Zähne
er/sie/es putzt **sich** die Zähne
wir putzen **uns** die Zähne
ihr putzt **euch** die Zähne
sie/Sie putzen **sich** die Zähne
↗ datif

J'applique

1 **Comprends-tu les conseils que l'on te donne ? Relie les deux colonnes.**

Le conseil que l'on te donne :

1. Nimm dir Zeit! •
2. Beeile dich! •
3. Wasch dir bitte die Hände! •
4. Hol dir ein Getränk! •

On t'invite à :

• **a.** aller te chercher une boisson
• **b.** te dépêcher
• **c.** te laver les mains
• **d.** prendre ton temps

2 **Conjugue à toutes les personnes.**

Ich kaufe mir einen neuen Fernseher.

Du _____
Er _____
Wir _____
Ihr _____
Sie _____

Ich interessiere mich für Fußball.

_____
_____
_____
_____
_____

Je m'entraîne

3 **Complète avec un pronom réfléchi à l'accusatif ou au datif.**

1. Ich fühle _____ gut.
2. Freust du _____ auf Weihnachten?
3. Wir fragen _____, ob er kommt oder nicht.

4. Ich nehme _____ eine Tablette! Ich habe Kopfschmerzen!
5. Meine Kinder verstehen _____ sehr gut!
6. Kaufst du _____ viele Kleider?

24 L'adjectif possessif

In der Garderobe
Frau Müller: Ist das Ursulas Mantel?
Kathrin: Nein, **ihr** Mantel ist schwarz.
Frau Müller: Ist das Evas Weste?
Kathrin: Nein, **ihre** Weste ist blau.
Frau Müller: Und wo ist Christophs Jacke?
Kathrin: **Seine** Jacke habe ich nicht.

■ L'adjectif possessif *mein* (mon), *dein* (ton), *sein/ihr* (son), *unser* (notre), *euer* (votre), *ihr/Ihr* (leur/votre) a les mêmes marques que l'article indéfini *ein*.

Singulier		Pluriel	
1re pers.	**meine** Schwester	1re pers.	**unsere** Schwester
2e pers.	**deine** Schwester	2e pers.	**eure** Schwester
3e pers. possesseur masc./neutre	**seine** Schwester	3e pers.	**ihre** Schwester
3e pers. possesseur fém.	**ihre** Schwester	Forme de politesse	**Ihre** Schwester

■ À la 3e personne du singulier, il faut faire attention au genre du possesseur !

■ Lorsque *euer* porte une marque, le *-e* disparaît. **Exemple :** *euer Vater*, mais *eure Mutter*.

J'applique

❶ Entoure en bleu ce qui appartient à Walter et en rouge ce qui appartient à Ida.

sein Deutschheft – ihr Englischbuch – ihr Federmäppchen – seine Bleistifte – sein Radiergummi – ihre Kunstmappe – ihre Schultasche – sein Rucksack

❷ Complète le tableau en utilisant l'adjectif possessif. Ajoute la marque de l'accusatif lorsque c'est nécessaire.

	das Hemd	der Pulli	die Hose	die Sachen	das T-Shirt
Walter sucht (acc.)					
Ida sucht (acc.)					
Walter und Ida suchen (acc.)	Hemden	Pullis	Hosen	Sachen	T-Shirts

Je m'entraîne

❸ Quel est l'équivalent en allemand ?

1. Que fait **ton** papa ? Was _____

2. Est-ce que **ta** maman travaille ? Arbeitet _____

3. Aimes-tu **notre** maison ? Magst _____

4. Connais-tu **notre** chien ? Kennst _____

25 Le groupe prépositionnel à l'accusatif

 Die Creme **gegen** die Falten!

Für gesunde Zähne!

 Die frische Gemüsesuppe **ohne** Konservierungsmittel.

Ich darf nicht **ins** Geschäft gehen! Ich bleibe draußen.

Kommen Sie **auf den** Kölner Weihnachtsmarkt! Dieses Jahr gibt es 50 neue Stände!

■ Le groupe prépositionnel est **toujours à l'accusatif** : après *durch* (à travers), *für* (pour), *gegen* (contre), *ohne* (sans), *um* (autour de).

■ Les **prépositions spatiales** sont suivies de l'**accusatif** si le verbe exprime un **directif** (changement de lieu, déplacement) : *in* (dans), *an* (à, au), *auf* (sur, dans : institution/lieu découvert/une île), *hinter* (derrière), *über* (au-dessus de), *unter* (sous), *neben* (à côté), *zwischen* (entre).

■ Certaines prépositions se trouvent sous une forme contractée : préposition + article défini (*ins, ans*...).

J'applique

1 Madame Dannenberg donne des consignes. Que dirait Madame Dupont en français ? Associe les chiffres aux lettres !

1. Setz dich **neben mich**! •
2. Komm schnell **ins** Auto! •
3. Stell bitte die Flasche **auf den** Tisch! •
4. Leg dich **auf dein** Bett! •
5. Nimm etwas **für die** Reise mit! •
6. Fahr nicht **ohne** Stadtplan! •

• **a.** Assieds-toi à côté de moi !
• **b.** Va t'allonger sur ton lit !
• **c.** Ne pars pas sans un plan de la ville !
• **d.** Monte vite dans la voiture !
• **e.** Pose la bouteille sur la table !
• **f.** Emporte quelque chose pour ton voyage !

2 Reporte dans chaque énoncé un des groupes prépositionnels : *ohne Mantel – ins Auto – für die Schule – durchs Fenster – für dich – gegen meine Allergie.*

1. Das ist _____ !
2. Bring bitte den Koffer _____ .
3. Was brauchst du _____ ? Gib mir deine Liste!
4. Schau mal _____ ! Siehst du noch die Kinder?
5. Stefan, komm schnell! Warum bist du draußen _____ ?
6. Ich gehe in die Apotheke. Ich brauche Medikamente _____ .

Je m'entraîne

3 Entoure la préposition qui convient.

1. Siehst du etwas **ohne** / **für** / **gegen** Brille? Ich kann sie dir holen.
2. Das ist kein Film **um** / **für** / **auf** Kinder!
3. Hast du schon ein Geschenk **ohne** / **für** / **auf** deine Schwester?
4. Ich gehe jeden Samstag **über** / **auf** / **zwischen** den Markt.
5. Warum hast du nicht telefoniert? Warst du denn **ohne** / **für** / **durch** dein Handy?

J'observe et je retiens

Ulrike: **Von wem** ist der Brief?
Anja: Er ist **von** mein**er** Brieffreundin aus Wien.
Ulrike: Was schreibt sie in dies**em** Brief?
Anja: Sie kommt **im** Juni **mit** ihr**er** Klasse **zu** uns **nach** Frankreich. Das ist ja toll!

■ Le groupe prépositionnel est au **datif dans 2 cas :**
– la **préposition impose le datif :** *aus* (de, en provenance de), *bei* (chez locatif), *mit* (avec), *nach* (après, à, chez – directif), *seit* (depuis), *von* (de), *zu* (chez – directif sauf *zu Hause sein*) ;
– le **verbe impose le cas :** verbe exprimant l'endroit où je suis (le locatif), avec une préposition spatiale (*in, an, auf, hinter, über, unter, neben, zwischen*).

■ Il faut mémoriser les formes contractées (préposition + article défini) : *in dem = im, an dem = am, bei dem = beim, von dem = vom, zu dem = zum, zu der = zur...*

J'applique

1 Entoure dans la liste de prépositions celles qui sont toujours suivies du datif.

für – auf – bei – gegen – über – aus – mit – durch – nach – zu – ohne – an – seit – von.

2 Anja appelle sa maman dans la maison. Quelle peut être la réponse de Madame Albrecht ? Barre les groupes prépositionnels qui ne sont pas au datif.

Anja: Mama, wo bist du?

Die Mutter: Ich bin ...

1. ins Schlafzimmer – **2.** im Wohnzimmer – **3.** in die Küche – **4.** auf dem Dachboden – **5.** in der Garage – **6.** im Bad – **7.** ins Esszimmer – **8.** in den Garten.

Je m'entraîne

3 Réponds aux questions avec les éléments donnés entre parenthèses.

1. Von wem ist das Geschenk? *(tes grands-parents)*

Es ist _____

2. Wo ist Beate? *(à l'école)*

Sie ist noch _____

3. Mit wem geht ihr ins Museum? *(avec le professeur d'allemand)*

Wir gehen _____

4. Wo ist dein Zeugnis? *(sur ton bureau)*

Es ist _____

5. Wann hast du Sport? *(après la récréation)*

Wir haben _____ Sport.

27 L'opposition locatif-directif

J'observe et je retiens

Wo bleibst du heute?

        zu Hause
Ich <u>bleibe</u> **bei** mein**en** Eltern
        in Köln
        in mein**em** neuen Haus

Wohin fährst du im August?
        nach Wien
        nach Österreich
Ich <u>fahre</u> **zu** mein**en** Freunden
        in eine tolle Stadt
        auch **ins** Gebirge

■ Le **locatif** désigne **le lieu où l'on est.** Il s'oppose au **directif** : le **lieu où l'on va** (où l'on fait une action).

■ Les prépositions spatiales (*in, an, auf, hinter, über, unter, neben, zwischen*) sont suivies de l'**accusatif** et du **datif.**

	Wo?	**Wohin?**
Nom géographique	*in Köln/Deutschland* (mais *in der Schweiz*)	*nach Wien/Österreich, (in die Schweiz)*
Lieu/bâtiment	*in der Schule* (datif)	*in die Schule* (accusatif)
Lieu découvert/surface	*auf dem Markt* (datif)	*auf den Markt* (accusatif)
Personnes	*bei ihm/beim Arzt*	*zu ihm/zum Arzt*
À la maison	*zu Hause*	*nach Hause*
Verbes	*warten, sein, bleiben, wohnen, leben, essen, schlafen, sitzen*	*gehen, fahren, fliegen, kommen*

■ Avant de construire un complément de lieu, tu dois repérer d'abord le sens du verbe. Certaines prépositions se contractent avec l'article défini : *ins, am, im...*

J'applique

1 **Relie chaque phrase au sens auquel elle appartient.**

1. Nächsten Sommer fahren wir nach Italien. •
2. Heute essen wir bei den Großeltern. •
3. Bleibst du lange bei deinem Freund? •
4. Ist deine Mutter oft zu Hause? •
5. Bist du schon nach Südfrankreich geflogen? •
6. Ich habe sehr lange beim Friseur gewartet. •
7. Meine Brieffreundin wohnt in Berlin. •
8. Wann kommst du zu uns? •

    • locatif

    • directif

2 **Forme des groupes verbaux en utilisant un des verbes suivants :** *fahren – gehen – bleiben – wohnen – fliegen – warten.*

1. ins Theater _____
2. zu Eva _____
3. nach Spanien _____
4. in der Schule _____
5. in einer Großstadt _____
6. beim Friseur _____

Je m'entraîne

3 **Coche la bonne réponse.**

Wie komme ich bitte ...						Bist du noch ...					
ins	in	zu	nach	zum		in der	im	zu	bei	beim	
					deinen Eltern?						Kneipe?
					Hietzing?						Hause?
					die Schule?						Garage?
					Bahnhof?						Direktor?
					Hotel?						Bad?
					Hause?						den Kindern?

28 Le groupe adverbial

J'observe et je retiens

Papa appelle Jonas pour qu'il aille chercher du pain frais !
Papa: Jonas, wo bist du?
Jonas: **Hier oben** in meinem Zimmer!
Papa: Jonas! Gehst du bitte mal Brot kaufen?
Jonas: Ja Papa, das mache ich **nachher.**
Papa: Nicht **nachher! Gleich** bitte!
Jonas: Das geht leider nicht! Ich muss **vorher** meine Matheaufgabe fertig machen.
Papa: Ja, ja! Du findest **immer** etwas! Ich frage lieber deine Schwester!

■ Un groupe adverbial permet :
– d'**indiquer le lieu** : *oben* (en haut), *unten* (en bas), *hier* (ici), *da* (là), *dort* (là-bas) ;
– de **situer dans le temps** : *vorgestern* (avant-hier), *gestern* (hier), *heute* (aujourd'hui), *morgen* (demain), *übermorgen* (après-demain), *heute Morgen/heute Vormittag* (ce matin), *heute Abend* (ce soir), *heute Nachmittag* (cet après-midi), *jetzt* (maintenant), *vorher* (auparavant), *nachher* (ensuite, après), *sofort/gleich* (tout de suite), *bald* (bientôt) ;
– d'**exprimer la fréquence** : *immer* (en tout temps, généralement, toujours), *oft* (souvent), *manchmal* (quelquefois), *nie* (jamais).

■ Le groupe adverbial peut se placer en tête d'énoncé ou après le verbe conjugué. Il n'est jamais séparé du reste par une virgule. Seuls les éléments du groupe verbal ont une place fixe (verbe conjugué en 2ᵉ position dans l'énoncé déclaratif, infinitif en dernière position).

J'applique

1 Les adverbes suivants expriment-ils le passé, le présent ou le futur ? Complète le tableau.

adverbes	heute	morgen	nachher	gestern	übermorgen	vorher	jetzt	vorgestern
passé								
présent								
futur								

2 Cherche l'équivalent allemand : *Bis bald! – Heute Vormittag – Gestern Abend – Nie wieder! – Bis gleich! – Immer dasselbe! – Bis morgen! – Morgen Nachmittag.*

1. Plus jamais ! _____
2. À bientôt ! _____
3. À demain ! _____
4. Toujours la même chose ! _____

5. Ce matin _____
6. Demain après-midi _____
7. Hier soir _____
8. À tout de suite ! _____

Je m'entraîne

3 Classe en les numérotant les éléments dans l'ordre. Le début de l'énoncé est parfois indiqué par la majuscule.

1. immer / sie / pünktlich / ist / . _____
2. du / ins Konzert / oft / gehst / ? _____
3. nachher / ich / esse / . _____

4. habe / ich / Das / noch nie / gehört / ! _____
5. wohnten / Wir / vorher / auf dem Land / . _____
6. bin / ich / wieder da / gleich / . _____

29 Le groupe verbal

J'observe et je retiens

fahren	aller (en voiture)
nach Berlin **fahren**	aller à Berlin
mit meiner Klasse nach Berlin **fahren**	aller à Berlin avec ma classe
nächsten Sommer mit meiner Klasse nach Berlin **fahren**	aller à Berlin avec ma classe cet été
Déterminants GROUPE VERBAL Base	

Ich **fahre** nächsten Sommer mit meiner Klasse nach Berlin.

❷ nächsten Sommer mit meiner Klasse nach Berlin fahren **wollen**

Ich **will** nächsten Sommer mit meiner Klasse nach Berlin fahren.

■ Le verbe à l'infinitif (la base du groupe verbal) est **en dernière place** (contrairement au français) et **les éléments qui le déterminent s'ajoutent de droite à gauche : le déterminant précède le déterminé.** C'est le principe de détermination. En allemand, on retrouve aussi ce principe dans la formation des mots composés.

■ Pour conjuguer le verbe dans un énoncé, il faut le déplacer en 1re ou 2e position et l'accorder avec le sujet. **Les autres éléments du groupe verbal ne changent pas de place.**

J'applique

❶ Conjugue la base du groupe verbal et mets-la à la seconde place.

1. ein Foto **machen**	Er	
2. kalt **sein**	Es	
3. in die Schule **gehen**	Ich	
4. zu Hause **bleiben**	Wir	
5. schnell **fahren**	Ich	
6. früh auf**stehen**	Ich	
7. Golf **spielen**	Er	
8. nett **sein**	Du	
9. schwimmen **können**	Er	

❷ Classe en les numérotant les éléments du groupe verbal.

1. mit Freunden / spielen / Fußball _____

2. essen / jeden Tag / in der Kantine _____

3. mitkommen / am Nachmittag _____

4. gehen / auf Ursulas Party / nächste Woche _____

5. fertig machen / seine Hausaufgaben _____

6. spazieren / mit dem Hund / gehen _____

7. ein Motorrad / wollen / kaufen _____

8. verloren / sein Portemonnaie / haben _____

Je m'entraîne

❸ Donne l'équivalent en allemand.

1. aller au cinéma : _____

2. lire le journal *(die Zeitung)* : _____

3. écouter de la musique : _____

4. prendre le train : _____

5. rester à la maison : _____

6. parler allemand : _____

7. habiter à la campagne : _____

8. avoir de la fièvre *(Fieber)* : _____

30 La négation globale

J'observe et je retiens

fernsehen	Zeit haben.
nicht fernsehen	**keine** Zeit haben
Ich sehe **nicht** fern.	Ich habe **keine** Zeit.

■ La négation est **globale** lorsque c'est le **contenu de l'énoncé entier qui est nié** et non seulement un élément. *Nicht* ou *kein* se place alors **devant le premier élément du groupe verbal** et est **accentué.**

■ *Kein* s'emploie à la place de *nicht* lorsque le groupe verbal est constitué d'un groupe nominal indéfini. En français, on dit : pas de ... pas un ... *Kein* porte les mêmes marques que *ein* au singulier et que *die* au pluriel.

J'applique

1 Avec quelle négation peux-tu nier les groupes verbaux ? Coche dans le tableau.

kein	keine	keinen	nicht	
				1. Fieber haben
				2. einen Computer haben
				3. sehr teuer sein
				4. groß sein
				5. einkaufen gehen
				6. eine Schwester haben
				7. in Berlin wohnen
				8. viel arbeiten

2 Nie chaque énoncé.

Er erzählt ...   Er erzählt ...

1. dass er Freunde hat. ≠ _____

2. dass er reich ist. ≠ _____

3. dass er einen Hund hat. ≠ _____

4. dass er lange schläft. ≠ _____

5. dass er mitkommt. ≠ _____

6. dass er Angst hat. ≠ _____

7. dass er Glück hat. ≠ _____

Je m'entraîne

3 Donne une réponse négative.

1. Joggst du? Nein, _____

2. Möchtest du Milch? Nein, _____

3. Bist du müde? Nein, _____

4. Hast du ein Motorrad? Nein, _____

5. Kannst du reiten? Nein, _____

6. Bist du traurig? Nein, _____

7. Bist du ein guter Skifahrer? Nein, _____

8. Hast du Durst? Nein, _____

31 Les formes du verbe

J'observe et je retiens

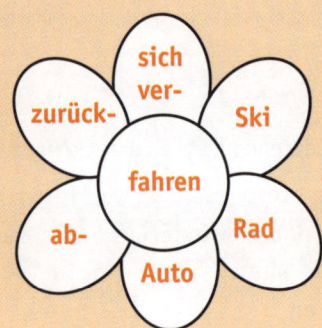

Auto fahren
Er fährt Auto.
abfahren
Er fährt **ab.**
Ich glaube, dass er **ab**fährt.
sich **ver**fahren haben
Wir haben uns verfahren.
Ich glaube, dass wir uns verfahren haben.

■ Le verbe peut se présenter sous plusieurs formes : verbe simple, verbe à préverbe séparable ou inséparable, locution verbale. Le préverbe fait partie du verbe et lui donne son sens.

■ Le **préverbe inséparable** *(be-, er-, ge-, ver-)* est inaccentué et se déplace en même temps que le verbe. Au parfait, il ne prend pas de *ge-*.

■ Le **préverbe séparable** est accentué. Il reste en fin d'énoncé, comme dans le groupe verbal à l'infinitif. Au parfait, il précède *ge-*.

J'applique

1 **Donne l'infinitif des verbes conjugués.**

1. Kommst du mit? _____

2. Mach bitte die Tür zu! _____

3. Wann besuchst du mich? _____

4. Fährst du gut Ski? _____

5. Ich stehe um sieben Uhr auf. Und du? _____

6. Das Konzert beginnt um 21 Uhr. _____

7. Was ziehst du heute an? _____

8. Du verlierst immer etwas! _____

2 **Conjugue chaque verbe au présent de l'indicatif.**

1. verstehen

Ich _____

2. anfangen

Ich _____

3. zurückkommen

Ich _____

4. erzählen

Ich _____

5. umziehen

Wir _____

6. aufwachen

Wir _____

7. ankommen

Wir _____

8. einschlafen

Wir _____

Je m'entraîne

3 **Transpose l'énoncé déclaratif en subordonnée.**

Sie erzählt, dass ...

1. Sie spielt Tennis.

2. Sie sieht manchmal fern.

3. Sie ruft oft ihre Freundin an.

4. Sie besucht gern ihre Großeltern.

5. Morgen verkleidet sie sich.

6. Sie verliert oft ihre Schlüssel.

7. Nächsten Samstag geht sie aus.

32 Le présent de l'indicatif

J'observe et je retiens

Miriam: Wohn**st** <u>du</u> alleine hier?
Verena: Nein, <u>ich</u> leb**e** bei meiner Tante. <u>Wir</u> wohn**en** in einem Haus.
Miriam: Geh**t** <u>ihr</u> oft zu Opa und Oma?
Verena: Nein, aber <u>sie</u> telefonier**en** jeden Sonntag.
Miriam: Und dein Onkel? Arbeit**et** <u>er</u> in Österreich?
Verena: Ja, <u>er</u> bleib**t** dort bis September.

■ *Wohnen:* le radical est *wohn-*, l'infinitif se compose du radical + *-en* (parfois *-n*).

Pronoms personnels	ich	du	er/sie/es	wir	ihr	sie/Sie
Terminaisons	-e	-st	-t	-en	-t	-en

■ Pour conjuguer un verbe au présent, j'ajoute les terminaisons au radical du verbe.

■ Pour certains verbes dont le radical se termine par *-t/-d* ou *-n*, j'ajoute un *-e* intercalaire à la 2e personne du singulier et du pluriel et à la 3e personne du singulier.

■ Si le radical se termine par *-s, -ß, -x, -z*, la terminaison de la 2e personne du singulier est *-t*.

J'applique

1 **Complète le tableau.**

infinitif	radical	ich	du	er/sie/es	wir	ihr	sie/Sie
fragen							
kaufen							
heißen							
finden							
hören							
antworten							

2 **Complète en ajoutant un pronom personnel.**

1. _____ spielt gut Tennis.

2. Was machst _____ hier?

3. _____ zeichne sehr gern.

4. Woher kommst _____ ?

5. _____ schreiben eine Deutscharbeit.

6. _____ trinken oft Bier.

7. Lernt _____ auch Deutsch?

8. Wartest _____ noch oder gehst _____ nach Hause?

9. Wie heißt _____ ?

Je m'entraîne

3 **Réponds aux questions par l'un des trois pronoms personnels :** *ich, er, wir* **et place le verbe en seconde position après l'avoir conjugué.**

1. Was macht ihr am Mittwoch? (ins Kino gehen)

Am Mittwoch _____ ins Kino.

2. Suchst du ein Haus? (ein Zimmer suchen)

Nein, _____ ein Zimmer.

3. Kommt er heute noch? (zu Hause bleiben)

Nein, _____ zu Hause.

4. Machst du viel Sport? (jeden Tag joggen)

_____ jeden Tag.

33 Le présent des verbes forts en -A et en -E

J'observe et je retiens

Laura interroge ses amis sur le petit déjeuner.
Laura: Was **isst** du zum Frühstück?
Lisa: Ich **esse** Brot mit Butter oder Marmelade.
Laura: Und ihr beide? Was **esst** ihr denn?
Max und Hannes: Wir **essen** auch Brot. Wir **essen** aber nicht viel! Unser Bus **fährt** schon um Viertel nach sieben!

■ Au présent de l'indicatif, certains verbes forts subissent une modification aux 2e et 3e personnes du singulier : les verbes forts en **a** ➜ **ä**, les verbes forts en **e** ➜ **i** (bref) ou **ie** (long).

	laufen	fahren	nehmen
ich	laufe	fahre	nehme
du	l**äu**fst	f**ä**hrst	n**i**mmst
er, sie, es	l**äu**ft	f**ä**hrt	n**i**mmt
wir	laufen	fahren	nehmen
ihr	lauft	fahrt	nehmt
sie/Sie	laufen	fahren	nehmen

J'applique

1 Établis une liste de verbes forts courants (en -*a* et -*e*) en complétant le tableau.

	infinitif	du	er	ihr
en -a			lässt	
		fällst		
			schläft	
		trägst		
				wascht
en -e				gebt
		siehst		
	essen			
				helft
			liest	
			trifft	
		sprichst		

2 Ajoute un pronom personnel devant chaque forme verbale.

1. _____ fangt an.
2. _____ hilfst.
3. _____ vergisst.
4. _____ wäscht.
5. _____ werft.
6. _____ esst.
7. _____ fährt Rad.
8. _____ fallt.
9. _____ nehmt.
10. _____ treffen.

Je m'entraîne

3 Donne des renseignements sur Johann. Pense à la place du verbe conjugué !

1. Il porte des lunettes *(eine Brille tragen)* ➜ Er _____

2. Il dort longtemps *(lange schlafen)* ➜ Er _____

3. Il parle très vite *(sehr schnell sprechen)* ➜ Er _____

4. Il regarde chaque soir la télévision *(fern/sehen)* ➜ Jeden Abend _____

5. Il aime bien lire des BD *(gern Comics lesen)* ➜ Er _____

J'observe et je retiens

Heute **hat** Frank Geburtstag. Er ist 13. Seine Freunde **sind** da. Sie **haben** ein Geschenk für ihn. Was **kann** es sein? Vielleicht eine CD von Grönemeyer. Er **mag** ihn sehr.

■ Les auxiliaires et les verbes de modalité ont une conjugaison particulière.

Sein (être) : *ich bin, du bist, er/sie/es ist, wir sind, ihr seid, sie sind*

Haben (avoir) : *ich habe, du hast, er/sie/es hat, wir haben, ihr habt, sie haben*

	WOLLEN	MÖGEN	KÖNNEN	DÜRFEN	SOLLEN	MÜSSEN
	vouloir	aimer	pouvoir		devoir	
	avoir l'intention de	avoir du goût pour qqch	savoir faire	avoir la permission de	sens moral	être obligé de
ich	will	mag	kann	darf	soll	muss
du	willst	magst	kannst	darfst	sollst	musst
er/sie/es	will	mag	kann	darf	soll	muss
wir	wollen	mögen	können	dürfen	sollen	müssen
ihr	wollt	mögt	könnt	dürft	sollt	müsst
sie/Sie	wollen	mögen	können	dürfen	sollen	müssen

Remarque ❯ Il n'y a pas de terminaison aux 1ʳᵉ et 3ᵉ personnes du singulier !

Ich möchte, du möchtest, er/sie/es möchte, wir möchten, ihr möchtet, sie/Sie möchten ➜ je voudrais ;

wissen: ich weiß, du weißt, er/sie/es weiß, wir wissen, ihr wisst, sie/Sie wissen ➜ savoir que

J'applique

1 Fais une croix dans la (ou les) bonne(s) case(s).

			Présent de l'indicatif			
	ich	du	er/sie/es	wir	ihr	sie/Sie
muss						
seid						
wollt						
kannst						
dürfen						
müsst						
habt						
mögt						
weiß						

2 Choisis le verbe à la forme qui convient. Entoure ton choix.

1. Meine Nachbarin **mag** / **mögt** / **soll** / **möchtet** unseren Hund nicht.

2. **Darfst** / **Möchtest** / **Mögt** / **Wollt** du noch Kaffee?

3. **Kannst** / **Muss** / **Könnt** / **Müsst** du Snowboard fahren?

4. Wann **habt** / **soll** / **hat** / **sollt** er Ferien?

5. Mir **hat** / **bin** / **sein** / **ist** kalt! Ich brauche einen Pulli.

6. „Hier **können** / **dürfen** / **wollen** / **mögen** Sie nicht parken!" sagt der Polizist.

Je m'entraîne

3 Demande à Walter :

1. S'il aime le fromage. *(Käse)* _____ ?

2. S'il est malade. *(krank)* _____ ?

3. S'il sait jouer du piano. *(Klavier spielen)* _____ ?

35 Le prétérit

J'observe et je retiens

Michael: Wann **warst** du auf dem Kölner Karneval?
Andreas: Letztes Jahr. Das **war** ja toll!
Michael: **Hattest** du schönes Wetter?
Andreas: Ja, es **war** nicht kalt. Ich **hatte** viel Spaß.

■ On emploie le prétérit pour décrire une **action passée.** Il correspond au passé simple ou à l'imparfait français.

Pronoms	Auxiliaires		Verbes faibles	
	sein	**haben**	**fragen**	**antworten**
ich	war	hatte	frag**te**	antwort**ete**
du	war**st**	hatte**st**	frag**test**	antwort**etest**
er/sie/es	war	hatte	frag**te**	antwort**ete**
wir	war**en**	hatt**en**	frag**ten**	antwort**eten**
ihr	war**t**	hatte**t**	frag**tet**	antwort**etet**
sie/Sie	war**en**	hatt**en**	frag**ten**	antwort**eten**

J'applique

1 Les phrases sont-elles au présent ou au prétérit ? Coche la bonne case.

	Présent	Prétérit
1. Ich arbeite sechs Stunden ohne Pause.		
2. Sie hatte viel Glück.		
3. Sie erzählte oft dumme Geschichten.		
4. Ihr seid ein bisschen faul!		
5. Er hat heute keine Zeit.		
6. Wir freuten uns auf Weihnachten!		
7. Sie hatten eine große Familie.		
8. Es waren schöne Tage!		

2 Barre les pronoms personnels qui ne correspondent pas à la forme verbale conjuguée.

1. Ich / Sie / Ihr   lerntet
2. Er / Sie / Ihr   wart
3. Ich / Du / Er   hatte
4. Ich / Du / Ihr   besuchtet
5. Ich / Sie / Er   wohnte
6. Wir / Ihr / Sie   waren
7. Ich / Wir / Sie   spielten
8. Wir / Ihr / Sie   hatten
9. Ich / Sie / Er   war
10. Du / Er / Sie   machtest

Je m'entraîne

3 Retrouve l'infinitif du verbe souligné et conjugue le verbe au prétérit.

1. Wo <u>bist</u> du denn? _____

2. Was <u>hast</u> du? _____

3. Wo <u>wohnt</u> ihr? _____

4. <u>Ist</u> es sehr weit? _____

5. <u>Sind</u> sie gute Freunde? _____

6. <u>Hat</u> er eine Wohnung oder ein Haus? _____

36 Le parfait des verbes faibles

J'observe et je retiens

Klaus: Was **hast** du am Wochenende **gemacht?**

Sofia: Zuerst **habe** ich viel **gelernt.** Mit meiner Schwester **haben** wir Tennis **gespielt.** Mama und ich **haben** auch mein Geburtstagsfest **organisiert.** Ich **bin** auf einen Stuhl **geklettert,** weil ich das Wohnzimmer **dekoriert habe.** Papa **hat** im Garten **gearbeitet.**

■ Le **parfait** est un temps composé d'un **auxiliaire** (le plus souvent *haben*) et d'un **participe II** (participe passé).

■ La formation du participe II : **ge- + radical + -(e)t.** Les verbes terminés par *-ieren* ne prennent pas le préfixe *ge-*.

■ Le choix de l'auxiliaire :
– *sein* avec les verbes intransitifs exprimant un mouvement ou un changement d'état ;
– *haben* avec tous les autres verbes.

■ Dans un énoncé déclaratif, le participe II est placé en fin de phrase. Dans une subordonnée, le participe II se retrouve dans le groupe verbal (c'est-à-dire dans le groupe infinitif).

J'applique

1 Forme le participe II des verbes à l'infinitif.

1. zahlen: _____
2. träumen: _____
3. glauben: _____
4. suchen: _____

5. kleben: _____
6. schaffen: _____
7. reagieren: _____
8. leben: _____

9. kochen: _____
10. warten: _____
11. reparieren: _____
12. rechnen: _____

2 Conjugue les formes verbales soulignées au parfait (*haben* + participe II).

8.00: Mama <u>klopft</u>.

Ich <u>höre</u> nichts.

Sie <u>sagt</u>: „Guten Morgen! Aufstehen!"

Dann <u>macht</u> sie das Frühstück.

Papa <u>holt</u> frisches Brot.

8.15: Ich <u>dusche</u>.

8.30: Wir <u>frühstücken</u> zusammen.

Es <u>schmeckt</u> gut!

Mama _____.

Ich _____ nichts _____.

Sie _____.

Dann _____ sie das Frühstück _____.

Papa _____ frisches Brot _____.

Ich _____.

Wir _____ zusammen _____.

Es _____ gut _____!

Je m'entraîne

3 Complète avec un auxiliaire et le participe II du verbe. Susi raconte son anniversaire.

Gestern _____ ich meinen Geburtstag _____ (feiern). Mama _____ eine große Torte für mich _____ (machen) und sie _____ ein Handy _____ (kaufen). Iris _____ alles _____ (fotografieren). Meine französische Freundin _____ mit mir _____ (telefonieren) und natürlich _____ (gratulieren). Wir _____ alle _____ (tanzen) und wir _____ viel _____ (lachen). Alexander _____ mich kaum _____ (grüßen). Er _____ fast kein Wort _____ (sagen). Ich _____ ihn auch nicht _____ (fragen). Vielleicht _____ er Sorgen _____ (haben).

37 Le parfait des verbes forts

J'observe et je retiens

Dorli raconte : "Heute **bin** ich in die Stadt **gefahren**. Ich **habe** einen Parkplatz **gefunden** und dann **bin** ich zu Fuß **gegangen**. In der Bäckerei **habe** ich Martina **getroffen** und im Kaufhof **habe** ich auch meine Kusine **gesehen.**„

■ Le participe II d'un verbe fort se reconnaît à sa terminaison en *-en*. Le radical du verbe est précédé de *ge-*, mais peut subir un changement de voyelle. Le **participe II d'un verbe fort est irrégulier.** Il faut donc l'apprendre par cœur (voir p. 52).

■ Formation du participe II pour un verbe fort : *ge- + radical + -en* (radical souvent modifié).

■ Le choix de l'auxiliaire :
– *sein*: avec *sein (ist gewesen)*, *bleiben (ist geblieben)*, *werden (ist geworden)* et les verbes intransitifs exprimant un déplacement ou un changement d'état ;
– *haben*: avec les autres verbes.

J'applique

1 Entoure les verbes forts et indique leur infinitif.

Participe II	getragen	gehabt	gerufen	genommen	gewartet	geworfen	geflogen	geschrieen	geholfen
Infinitif									

2 Remplis la grille de mots croisés avec des participes II.

Horizontalement :

1. Er hat seinen Koffer ins Schlafzimmer … (tragen).

2. Wo habe ich denn mein Portemonnaie … (lassen)?

3. Zu Weihnachten haben wir immer Weihnachtslieder … (singen).

Verticalement :

a. Ich bin zu spät … (kommen). Der Zug war schon weg.

b. Heute ist viel Schnee … (fallen).

c. Hast du schon den Arzt … (rufen), oder soll ich ihn anrufen?

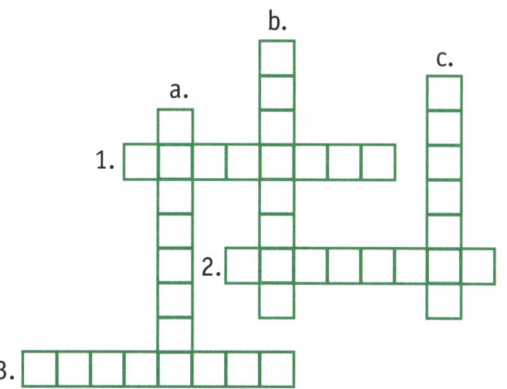

Je m'entraîne

3 Complète par les formes du verbe au parfait (auxiliaire + participe II).

1. Zu Weihnachten _____ wir nach Rothenburg _____ (fahren).

2. Wir _____ ein kleines Hotel _____ (finden).

3. Die Leute _____ sehr gastfreundlich _____ (sein).

4. Ich _____ die Stadt _____ (sehen) und _____ sehr lange auf dem Weihnachtsmarkt _____ (bleiben).

5. Wir _____ Glühwein _____ (trinken), Weihnachtsplätzchen _____ (essen) und ich _____ mit einer Verkäuferin Deutsch _____ (sprechen).

6. Wir _____ sehr viel _____ (laufen). Ich _____ dann sehr gut _____ (schlafen).

7. Ich _____ dir eine Karte _____ (schreiben).

8. _____ du sie schon _____ (lesen)?

38 Les verbes à préverbe au parfait

J'observe et je retiens

In der Schule
Die Lehrerin: "Ich habe es schon zweimal **wiederholt!**
　　　　　　Hast du **zugehört?**
　　　　　　Wer hat noch nicht **verstanden?**
　　　　　　Hast du deine Note **bekommen?**
　　　　　　Warum hast du noch nicht **angefangen?**„

■ Certains verbes forts ou faibles forment leur participe II sans *ge-* car ce sont des verbes à préverbe inséparable et inaccentué *(be-, er-, ge-, ver-, zer-).*

■ Au parfait, le préverbe séparable précède *ge-* dans le participe II (pas comme au présent où il est en fin d'énoncé).

J'applique

1 Entoure tous les préverbes séparables dans les participes II.

eingeladen – verloren – mitgespielt – gefallen – erzählt – angerufen – begonnen – versteckt – verkauft – bemerkt – ferngesehen – vergessen – eingekauft – angezogen – zurückgerufen.

2 Écris dans chaque pétale le participe II du verbe.

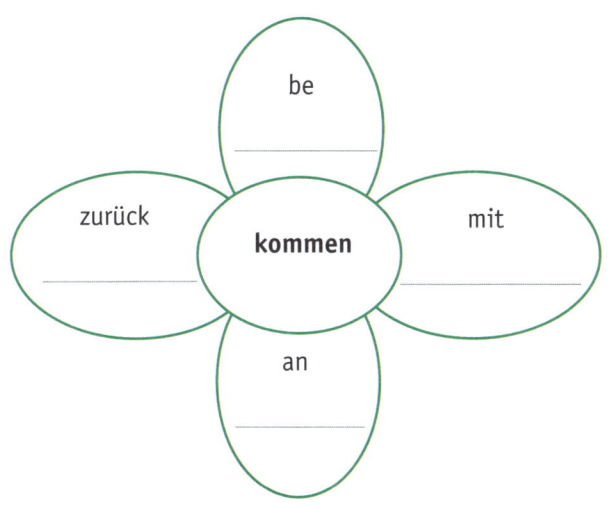

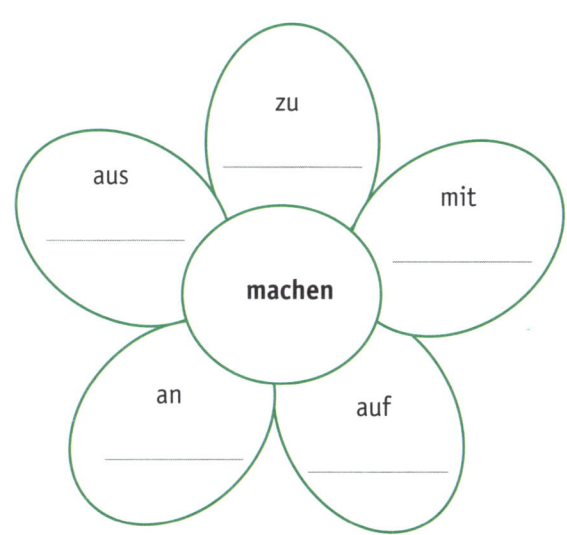

Je m'entraîne

3 Pose les questions au parfait après avoir retrouvé l'infinitif du verbe. Aide-toi de la liste de verbes forts (p. 52). Attention au choix de l'auxiliaire !

1. Um wie viel Uhr stehst du auf? _____

2. Wann fährst du weg? _____

3. Wann beginnt die Schule? _____

4. Siehst du oft fern? _____

5. Was nimmst du für die Pause mit? _____

6. Besuchst du deine Freunde am Nachmittag? _____

7. Was kaufst du im Supermarkt ein? _____

VERBES FORTS

INFINITIF	PRÉSENT	PARFAIT	SENS
abfahren	er fährt ab	er ist abgefahren	partir
anfangen	er fängt an	er hat angefangen	commencer
ankommen	er kommt an	er ist angekommen	arriver
anrufen	er ruft an	er hat angerufen	appeler (au téléphone)
anziehen	er zieht an	er hat angezogen	mettre (un vêtement)
ausziehen	er zieht aus	er hat ausgezogen	enlever (un vêtement)
beginnen	er beginnt	er hat begonnen	commencer
bekommen	er bekommt	er hat bekommen	recevoir
bleiben	er bleibt	er ist geblieben	rester
brechen	er bricht	er hat gebrochen	casser
bringen	er bringt	er hat gebracht	apporter
denken	er denkt	er hat gedacht	penser
einladen	er lädt ein	er hat eingeladen	inviter
essen	er isst	er hat gegessen	manger
fahren	er fährt	er ist gefahren	aller en voiture
fallen	er fällt	er ist gefallen	tomber
fernsehen	er sieht fern	er hat ferngesehen	regarder la télévision
finden	er findet	er hat gefunden	trouver
fliegen	er fliegt	er ist geflogen	voler, aller en avion
frieren	es friert	es hat gefroren	geler
geben	er gibt	er hat gegeben	donner
gefallen	er gefällt	er hat gefallen	plaire
gehen	er geht	er ist gegangen	aller
gewinnen	er gewinnt	er hat gewonnen	gagner
heißen	er heißt	er hat geheißen	s'appeler
helfen	er hilft	er hat geholfen	aider
kommen	er kommt	er ist gekommen	venir
lassen	er lässt	er hat gelassen	laisser
laufen	er läuft	er ist gelaufen	courir
lesen	er liest	er hat gelesen	lire
nehmen	er nimmt	er hat genommen	prendre
reiten	er reitet	er ist geritten	monter à cheval
rufen	er ruft	er hat gerufen	appeler
schlafen	er schläft	er hat geschlafen	dormir
schreiben	er schreibt	er hat geschrieben	écrire
schreien	er schreit	er hat geschrieen	crier
schwimmen	er schwimmt	er ist geschwommen	nager
sehen	er sieht	er hat gesehen	voir
sein	er ist	er ist gewesen	être
singen	er singt	er hat gesungen	chanter
sprechen	er spricht	er hat gesprochen	parler
springen	er springt	er ist gesprungen	sauter
tragen	er trägt	er hat getragen	porter
treffen	er trifft	er hat getroffen	rencontrer
trinken	er trinkt	er hat getrunken	boire
vergessen	er vergisst	er hat vergessen	oublier
verlieren	er verliert	er hat verloren	perdre
waschen	er wäscht	er hat gewaschen	laver
werfen	er wirft	er hat geworfen	lancer

LEXIQUE

La traduction indiquée correspond au sens des mots rencontrés dans les exercices.

A

ab/fahren (er fährt ab): démarrer, partir
die Abfahrt: le départ (train)
abgetragen: usé (vêtements)
die Abschlußfeier: la fête pour la fin des études
die Adresse (-n): l'adresse
der Adventskalender (-): le calendrier de l'Avent
der Adventskranz (¨e): la couronne de l'Avent
allein(e): tout seul
die Allergie (-n): l'allergie
der Alltag: le quotidien
alt: âgé (de)
an/fangen (er fängt an): commencer
an/haben: porter (un vêtement)
an/kommen: arriver
an/machen: allumer
an/probieren: essayer (un vêtement)
an/rufen: téléphoner à qqn
an/ziehen: mettre (un vêtement)
sich an/ziehen: s'habiller
die anderen: les autres
die Angst: la peur
das Anmeldeformular (-e): le formulaire d'inscription
antworten: répondre
der Anzug (¨e): le costume
der Apfel (¨): la pomme
der Apfelsaft: le jus de pommes
die Apotheke: la pharmacie
der Apotheker (-): le pharmacien
(der) April: avril
arbeiten: travailler
auf/essen: manger tout, terminer de manger
auf/machen: ouvrir
auf/passen: faire attention
auf/stehen: se lever
auf/wachen: se réveiller
(der) August: août
aus (die Schule ist aus): la classe est finie
aus/gehen: sortir
das Auto (-s): la voiture
der Autoschlüssel (-): la clé de voiture

B

backen: faire un gâteau
der Bäcker (-): le boulanger
die Bäckerei (-en): la boulangerie
baden: se baigner, prendre un bain
das Badezimmer (das Bad): la salle de bains
der Bahnhof (¨e): la gare
bald: bientôt
die Bank: la banque
die Batterie (-n): la recharge, la pile
sich beeilen: se dépêcher
beginnen: commencer
bekommen: recevoir

bemerken: remarquer
bestellen: commander
der Besuch (Besuch haben): la visite/avoir de la visite
besuchen: rendre visite
das Bett (-en): le lit
ins Bett gehen: aller au lit
das Bier (-e): la bière
das Bild (-er): le tableau, l'image, la photo
billig: bon marché, pas cher
ein bisschen: un peu
blau: bleu
bleiben: rester
der Bleistift (-e): le crayon
blöd: idiot, bête
das/der Blouson (-s): le blouson
das Blumengeschäft (-e): le magasin de fleurs
der Blumenladen (¨): la boutique de fleurs
die Bluse (-n): le chemisier
das Boot (-e): le bateau
brauchen: avoir besoin de
der Brief (-e): la lettre
der Briefkasten (-): la boîte aux lettres
der Briefträger (-): le facteur
die Briefträgerin (-nen): la factrice
die Brille: les lunettes
das Brot (-e): le pain
das Brötchen (-): le petit pain
der Bruder (¨): le frère
das Buch (¨er): le livre
die Buchhandlung (-en): la librairie
bummeln: flâner
der Bus (-se): l'autobus
die Butter: le beurre

C

die CD (-s): le CD
der CD-Player (-): le lecteur de CD
die Comics: la bande dessinée
der Computer (-): l'ordinateur
das Computerspiel (-e): le jeu vidéo

D

das Dach (¨er): le toit
der Dachboden: le grenier
dass: que
dauern: durer
denken: penser
Deutsch : le cours d'allemand, allemand
der Deutschlehrer (-): le professeur d'allemand
(der) Dezember: décembre
dick: gros
die Diele: l'entrée
(der) Dienstag: mardi
dieser, diese, dieses: ce, cet, cette
(der) Donnerstag: jeudi

das Dorf (¨er): le village
dort: là-bas
dran (ich bin dran): c'est mon tour
draußen: dehors
der Drogeriemarkt (¨e): la droguerie-parfumerie
dumm: bête
dürfen: pouvoir, avoir la permission de
der Durst: la soif
duschen: prendre sa douche

E

das Ei (-er): l'œuf
ein/kaufen: faire ses courses
ein/laden: inviter
ein/schlafen: s'endormir
der Eingang: l'entrée
die Einkaufsliste (-n): la liste de courses
einverstanden sein: être d'accord
das Eis: la glace
die Eltern: les parents
der Elysee Vertrag: le traité de l'Élysée (22 janvier 1963)
empfehlen: recommander, conseiller
Englisch: cours d'anglais
Erdkunde: cours de géographie
erklären: expliquer
erzählen (von): parler (de)
essen (er isst): manger
das Esszimmer (-): la salle à manger
das Etui (-s): la trousse

F

das Fach (¨er): la matière
das Fahrrad (¨er): la bicyclette
fallen (er fällt): tomber
die Falte (-n): la ride
die Familie (-en): la famille
die Farbe (-n): la couleur
der Fasching: le carnaval (Bavière/Autriche)
faul: paresseux
faulenzen: se reposer, ne rien faire
(der) Februar: février
das Federmäppchen (-): la trousse
fehlen: manquer, être absent
feiern: fêter
das Fenster (-): la fenêtre
die Ferien: les vacances
fern/sehen: regarder la télévision
die Fernbedienung: la télécommande
der Fernseher (-): le téléviseur
fertig: terminé, prêt
fertig machen: terminer de faire qqch
das Fest (-e): la fête
das Fieber: la fièvre
der Film (-e): le film
der Filzstift (-e): le crayon feutre
finden: trouver

die Flasche (-n): la bouteille
das Fleisch: la viande
fleißig: appliqué
fliegen: aller en avion
Flöte spielen: jouer de la flûte
das Foto (-s): la photo
das Fotoalbum (-ben): l'album-photos
der Fotoapparat (-e): l'appareil photos
die Frage (-n): la question
fragen: demander, questionner (qq)
sich fragen: se demander
Französisch: français, cours de français
(der) Freitag: vendredi
die Freizeit: les loisirs, le temps libre
die Freude (-n): la joie
sich freuen: se réjouir
der Freund (-e): l'ami
die Freundin (-nen): l'amie
frisch: frais
der Friseur (-e): le coiffeur
die Friseuse (-n): la coiffeuse
froh: joyeux
die Fruchttorte (-n): le gâteau aux fruits
früh auf/stehen: se lever tôt
das Frühstück (-e): le petit déjeuner
frühstücken: prendre son petit déjeuner
sich fühlen: se sentir
zu Fuß gehen: aller à pied
Fußball spielen: jouer au foot
die Fußgängerzone (-n): la zone piétonne

die Gabel (-n): la fourchette
ganz: entier
die Garage: le garage
die Garagentür (-en): la porte de garage
der Garten: le jardin
gastfreundlich: accueillant
die Gastgeberin (-nen): l'hôte (d'accueil)
geben (er gibt): donner
der Geburtstag: l'anniversaire
das Geburtstagsgeschenk (-e): le cadeau d'anniversaire
die Geburtstagstorte (-n): le gâteau d'anniversaire
das Geburtstagsfest: la fête pour un anniversaire
gefallen (+ dat.) (es gefällt mir): plaire (à), cela me plaît
gegen (+ acc.): contre
gehen: aller
gehören (+ dat.): appartenir à
gelb: jaune
der Geldautomat (-en): le distributeur de billets
das Gemüse: les légumes
der Gemüse- und Obstladen: la boutique de fruits et légumes
die Gemüsesuppe: la soupe de légumes
gern spielen: aimer jouer à …
das Geschäft (-e): le magasin
das Geschenk (-e): le cadeau
Geschichte: le cours d'histoire
die Geschichte (-n): l'histoire
die Geschwister: les frères et sœurs
gestern: hier
gesund: sain, en bonne santé
das Getränk (-e): la boisson
das Glas (¨er): le verre
glauben: croire

gleich: tout de suite
das Glück: la chance
der Glühwein: le vin chaud
gratulieren: féliciter
grau: gris
die Größe (-n): la taille
die Großeltern: les grands-parents
die Großmutter (¨): la grand-mère
die Großstadt (¨e): la grande ville
der Großvater (¨): le grand-père
grün: vert
grüßen: saluer
günstig: intéressant (prix)
Guten Appetit!: Bon appétit!
das Gymnasium (-sien): le collège + lycée (classes 5 à 13)

die Hand (¨e): la main
die Handtasche (-n): le sac à main
das Handy (-s): le portable
das Hauptgericht (-e): le plat principal
die Hauptspeise: le plat principal
das Haus (¨er): la maison
zu Hause : à la maison (locatif)
die Hausfrau (-en): la maîtresse de maison
der Hausschlüssel (-): la clé de la maison
der Hausschuh (-e): la pantoufle
das Haustier (-e): l'animal domestique
das Heft (-e): le cahier
der Heiligabend: la veillée du 24 décembre
heißen: s'appeler
helfen (+ dat.) (er hilft): aider
das Hemd (-en): la chemise
der Herd: la gazinière/le four
herrlich: superbe
heute: aujourd'hui
heute Nachmittag: cet après-midi
Hietzing: nom d'une banlieue de Vienne
hin/schauen: regarder, jeter un coup d'œil
das Hobby (-s): l'occupation, les loisirs
die Hochzeit: le mariage
der Hof: la cour
hoffen: espérer
höflich: poli
holen: aller chercher
der Honig: le miel
hören: entendre
das Hotel (-s): l'hôtel
hübsch: joli
der Hund (-e): le chien
der Hunger: la faim
der Hut (¨e): le chapeau

immer: toujours, généralement
Inline-Skater fahren: faire du roller
sich interessieren (für + acc.): s'intéresser (à)

die Jacke (-n): la veste
(der) Januar: janvier
die Jeans (pluriel): le jeans

jeder, jede, jedes: chaque
joggen: faire du jogging, courir
der Jugendliche (-n): le jeune
(der) Juli: juillet
der Junge (-n): le garçon
(der) Juni: juin

der Kaffee: le café (la boisson)
die Kaffeemaschine (-n): la cafetière éléctrique
der Kakao: le chocolat (la boisson)
kalt: froid
der Karneval: le carnaval
die Karte (-n): la carte
Karten spielen: jouer aux cartes
die Kartoffel (-n): la pomme de terre
der Käse: le fromage
die Kasse: la caisse
der Kassenzettel (-): le ticket de caisse
die Katze (-n): le chat
kaufen: acheter
das Kaufhaus (¨er): le grand magasin
der Kaufhof: le grand magasin
kennen: connaître
die Kerze (-n): la bougie
das Kind (-er): l'enfant
das Kino (-s): le cinéma
ins Kino gehen: aller au cinéma
die Kirche (-n): l'église
Klavier spielen: jouer du piano
kleben: coller
das Kleid (-er): la robe
der Kleiderschrank (¨e): l'armoire à vêtements
klingeln: sonner (le réveil)
klopfen: frapper (à la porte)
klug: intelligent
die Kneipe (-n): le bistrot
kochen: faire la cuisine
der Koffer (-): la valise
die Konditorei (-en): la pâtisserie
können: savoir (faire qqch)
die Konservierungsmittel: les conservateurs
das Konzert (-e): le concert
die Kopfschmerzen: les maux de tête
kosten: coûter, goûter
die Krawatte (-n): la cravate
kriegen: recevoir (familier)
die Krippe: la crèche
der Krug (¨e): la chope (de bière)
die Küche (-n): la cuisine
der Kugelschreiber (-)/der Kuli (-s): le stylo à bille
der Kühlschrank (¨e): le réfrigérateur
der Kunde (-n): le client
die Kundin (-nen): la cliente
Kunst: cours d'arts plastiques
die Kunstmappe (-n): le classeur de dessin
kurz: court

L

lachen: rire
auf dem Land: à la campagne
lange: longtemps
lassen (er lässt): laisser
laufen (er läuft): courir
laut: bruyant
leben: vivre
das Lebensmittelgeschäft (-e): le magasin d'alimentation
lecker: appétissant
leer: vide
sich legen: s'allonger
der Lehrer (-): le professeur
die Lehrerin (-nen): le professeur (femme)
lernen: apprendre
lesen (er liest): lire
der Letzte: le dernier
die Leute: les gens
lieber haben: préférer
das Lieblingsfach (¨er): la matière préférée
die Lieblingsfarbe (-n): la couleur préférée
die Lieblingsspeise (-n) : le plat préféré
der Lieblingssport: le sport préféré
lila: violet, mauve
das Lineal (-e): la règle
die Liste (-n): la liste
das Loch (¨er): le trou
der Löffel (-): la cuiller
das Lokal (-e): le café
die Lust (Hast du Lust?): l'envie (As-tu envie ?)
lustig: amusant

M

machen: faire
das Mädchen (-): la fille
(der) Mai: mai
manchmal: quelquefois
der Mantel (¨): le manteau
das Mäppchen (-): la trousse
die Mappe (-n): le dossier, le classeur
der Markt (¨e): le marché
die Marmelade: la confiture
der Martinstag: la fête de St Martin
(der) März: mars
Mathe: cours de maths
das Medikament (-e): le médicament
die Medizin: le médicament, la médecine
die Mehlspeise (-n): le dessert (en Autriche)
sich melden: donner de ses nouvelles
der Metzger (-): le boucher
die Metzgerei (-en): la boucherie-charcuterie
die Mikrowelle: le four à micro-ondes
die Milch: le lait
das Mineralwasser: l'eau minérale
mit/fahren (er fährt mit): accompagner (qqn) en voiture
mit/kommen: accompagner
mit/spielen: jouer avec
das Mittagessen (-): le déjeuner
(der) Mittwoch: mercredi
das Modegeschäft (-e): le magasin de mode
mögen: aimer bien (qqch)
(der) Montag: lundi
morgen: demain
das Motorrad (¨er): la moto
müde: fatigué
das Museum (Mussen): le musée

Musik hören: écouter de la musique
müssen: devoir, être obligé de
die Mutter (¨): la mère
die Mütze (-n): le chapeau, le béret

N

nach (+ dat.): après
der Nachbar (-n): le voisin
die Nachbarin (-nen): la voisine
nachher: plus tard, après
die Nachspeise (-n): le dessert
nächste Woche: la semaine prochaine
nächsten Sommer: l'été prochain
der Nachtisch (-e): le dessert
der Name (-n): le nom
der Nationalfeiertag: la fête nationale
natürlich: bien sûr, naturellement
neben: à côté de
nehmen (er nimmt): prendre
nett: sympathique
neu: nouveau
das Neujahr: le Nouvel An
nichts: rien
nie: jamais
(der) November: novembre

O

ob: si
oben: en haut
das Obst: les fruits
offen: ouvert
oft: souvent
ohne (+ acc.): sans
(der) Oktober: octobre
das Oktoberfest: la fête de la bière (à Munich, fin septembre)
der Onkel (-): l'oncle
der Orangensaft: le jus d'orange
Ostern: Pâques

P

das Paket (-e): le paquet
das Parfüm: le parfum
parken: stationner
die Party (-s): la fête/la boum
der Parktplatz (¨e): la place de parking
die Pause (-n): la récréation
das Pech: la malchance
das Pferd (-e): le cheval
das Plüschtier (-e): la peluche
der Polizist (-en): le policier
das Portemonnaie (-s): le porte-monnaie
die Post: la poste
der Postangestellte (-n): l'employé de la poste
das Problem (-e): le problème
das Programm (-e): le programme
der Pudding: le flan
der Pulli (-s): le pull
pünktlich: à l'heure, ponctuel
sich putzen (die Zähne): se brosser (les dents)

R

rad/fahren: faire du vélo
der Radiergummi (-s): la gomme
der Rasen: la pelouse
raten: deviner
das Regal (-e): l'étagère
der Regenschirm (-e): le parapluie
reich: riche
die Reise (-n): le voyage
reiten: faire de l'équitation
Religion: cours d'instruction religieuse
das Rezept (-e): la recette (de cuisine)
der Rock (¨e): la jupe
das Rockkonzert (-e): le concert de rock
rosa: rose
rot: rouge
der Rucksack (¨e): le sac à dos
die Ruhe: le calme

S

sagen: dire
die Salami: le salami
(der) Samstag: samedi
satt: rassasié
Schach spielen: jouer aux échecs
die Schachtel (-n): la boîte/la brique en carton
schaffen: arriver (à faire qqch)
die Scheibe (-n): la tranche
die Schere: les ciseaux
schick: chic
schlafen (er schläft): dormir
das Schlafzimmer (-): la chambre
der Schlüssel (-): la clé
der Schlußverkauf: les soldes
schmecken (es schmeckt gut): être bon au goût
schmücken: décorer
das Schmuckstück (-e): le bijou
schmutzig: sale
der Schnee: la neige
schnell: vite, rapide
die Schokolade: le chocolat
schreiben: écrire
der Schreibtisch (-e): le bureau
das Schreibwarengeschäft (-e): la papeterie
schreien: crier
der Schuh (-e): la chaussure
das Schuhgeschäft (-e): le magasin de chaussures
der Schuldirektor (-en): le directeur d'école
die Schule (-n): l'école
der Schüler (-): l'élève
die Schülerin (-nen): l'élève (fille)
die Schulsachen: les affaires de classe
die Schultasche (-n): le cartable
schwarz: noir
das Schwarzbrot (-e): le pain noir
der Schwarztee: le thé
die Schweiz: la Suisse
die Schwester (-n): la sœur
schwimmen: nager
sehen (er sieht): voir
sehr: très
(der) September: septembre
der Sessel (-): le fauteuil
sich setzen: s'asseoir
sicher: sûr, certainement

singen: chanter
der Skifahrer (-): le skieur
der Skiurlaub: les sports d'hiver
Snowboard fahren: faire du snowboard
die Socke (-n): la chaussette
sollen: devoir (sens moral)
der Sommer: l'été
die Sommerferien: les vacances d'été
(der) Sonntag: dimanche
die Sorge (-n): le souci
Spaß haben: s'amuser
spazieren gehen: aller se promener
das Spiel (-e): le jeu
spielen: jouer
der Sport (-arten): le sport
Sport treiben: pratiquer un sport
der Sportlehrer (-): le professeur de sport
sprechen (er spricht): parler
das Spülbecken (-): l'évier
die Stadt (¨e): la ville
in die Stadt gehen: aller en ville
der Stadtplan (¨e): le plan de la ville
der Stand (¨e): le stand
stehen: être debout
es steht dir gut: cela te va bien
der Stern (-e): l'étoile
der Stiefel (-): la botte
es stimmt: c'est juste
der Stock (-werke): l'étage
stören: déranger
die Straßenbahn (-en): le tramway
streng: sévère
das Stück (-e): le morceau
studieren: étudier
der Stuhl (¨e): la chaise
die Stunde (-n): l'heure, l'heure de cours (45 min.)
der Stundenplan: l'emploi du temps
suchen: chercher
die Suppe (-n): la soupe
der Suppenteller (-): l'assiette à soupe
süß: sucré

T

der Tabakladen (¨): la boutique de tabac et journaux
die Tablette (-n): le médicament
die Tafel (-n): le tableau
der Tag (-e): le jour
die Tageszeitung (-en): le quotidien (journal)
die Tante (-n): la tante
tanzen: danser
die Tanzstunde (-n): le cours de danse
das Taschengeld: l'argent de poche
die Tasse (-n): la tasse
der Tee: le thé, la tisane
telefonieren (mit): téléphoner (à)
die Telefonnummer (-): le numéro de téléphone

der Teller (-): l'assiette
Tennis spielen: jouer au tennis
der Termin (-e): le rendez-vous (chez le médecin)
teuer: cher
das Theater (-): le théâtre
das Tier (-e): l'animal
der Tisch (-e): la table
der Toaster (-): le grille-pain
toll: super
die Torte (-n): le gâteau
tragen (er trägt): porter
träumen: rêver
traurig: triste
sich treffen: se donner rendez-vous, se retrouver
treffen (er trifft): rencontrer
trinken: boire
das T-Shirt (-s): le Tee-shirt

U

die U-Bahn (-en): le métro
sich um/ziehen: se changer
die Umkleidekabine (-n): la cabine d'essayage
der Unfall (¨e): l'accident
die Universität (-en)/die Uni: l'université
unten: en bas

V

der Vater (¨): le père
sich verfahren: se tromper de route
vergessen (er vergisst): oublier
verkaufen: vendre
der Verkäufer (-): le vendeur
die Verkäuferin (-nen): la vendeuse
sich verkleiden: se déguiser
verlieren (hat verloren): perdre
verstecken: cacher, dissimuler
sich verstehen (gut): (bien) s'entendre
verstehen (ich habe verstanden): comprendre
die Verwandten: la famille
vielleicht: peut-être
vor: avant, devant
vorgestern: avant-hier
der Vorname (-n): le prénom
vorsichtig: prudent

W

der Wagen (-): la voiture
wahnsinnig: terriblement
warten auf (+ acc.): attendre
waschen (er wäscht): laver
der Wecker (-): le réveil

der Weg (-e): le chemin
weg sein: être parti
weg/fahren: partir
das Weihnachtsgeschenk (-e): le cadeau de Noël
Weihnachten: Noël
der Weihnachtsbaum (¨e): le sapin de Noël
das Weihnachtsfest: la fête de Noël
das Weihnachtslied (-er): le chant de Noël
der Weihnachtsmarkt (¨e): le marché de Noël
die Weihnachtsplätzchen: les biscuits de Noël
weil: parce que
der Wein (-e): le vin
weiß: blanc
weit: loin
weiter/schlafen: continuer à dormir
welcher, welche, welches: quel/quelle
wenig: peu
werfen (er wirft) : lancer
das Wetter: le temps (météo)
wieder : de nouveau
wiederholen: répéter
das Wienerwürstchen (-): la saucisse de Vienne
der Wind: le vent
wirklich: vraiment
wissen: savoir (que)
der Wohnblock: l'immeuble
wohnen: habiter
das Wohnhaus (¨er): l'immeuble
die Wohnung (-en): l'appartement
das Wohnzimmer (-): la salle de séjour
wollen: vouloir, avoir l'intention de
das Wort (¨er): le mot
wünschen: souhaiter
das Würstchen (-): la saucisse
die Wurst (¨e): le saucisson, la charcuterie, la saucisse

Z

die Zahl (-en): le nombre
zählen: compter
zahlen (bezahlen): payer
der Zahn (¨e): la dent
der Zahnarzt (¨e): le dentiste
zeichnen: dessiner
zeigen: montrer
die Zeit: le temps (qui passe)
das Zeugnis (-se): le bulletin de notes
zu/hören: écouter
zu/machen: fermer
zuerst: d'abord
zufrieden sein: être satisfait
der Zug (¨e): le train
zurück sein: être de retour
zurück/fahren: rentrer, revenir chez soi
zusammen: ensemble
zwischen: entre